U1018855

江苏省高级人民法院
公　报

GAZETTE OF THE HIGHER PEOPLE'S COURT OF JIANGSU PROVINCE

江苏省高级人民法院　编

法　律　出　版　社
——北　京——

图书在版编目(CIP)数据

江苏省高级人民法院公报. 2021 年. 第 5 辑 : 总第 77 辑 / 江苏省高级人民法院编. -- 北京 : 法律出版社, 2022

ISBN 978 - 7 - 5197 - 6437 - 1

Ⅰ. ①江… Ⅱ. ①江… Ⅲ. ①法院 - 文件 - 汇编 - 江苏 - 2021 Ⅳ. ①D926.229

中国版本图书馆 CIP 数据核字(2022)第 026317 号

江苏省高级人民法院公报
(2021 年第 5 辑:总第 77 辑)
JIANGSUSHENG GAOJI RENMIN FAYUAN GONGBAO
(2021 NIAN DI - 5 JI:ZONG DI - 77 JI)

江苏省高级人民法院 编

责任编辑 冯高琼
装帧设计 汪奇峰 贾丹丹

出版发行 法律出版社
编辑统筹 法规出版分社
责任校对 张红蕊
责任印制 耿润瑜
经　　销 新华书店

开本 A4
印张 4.75　**字数** 96 千
版本 2022 年 3 月第 1 版
印次 2022 年 3 月第 1 次印刷
印刷 三河市兴达印务有限公司

地址:北京市丰台区莲花池西里 7 号(100073)
网址:www.lawpress.com.cn
投稿邮箱:info@lawpress.com.cn
举报盗版邮箱:jbwq@lawpress.com.cn

销售电话:010 - 83938349
客服电话:010 - 83938350
咨询电话:010 - 63939796

书号:ISBN 978 - 7 - 5197 - 6437 - 1　　定价:15.00 元

凡购买本社图书,如有印装错误,我社负责退换。电话:010 - 83938349

江苏省高级人民法院公报

2021年第5辑(总第77辑)

江苏省高级人民法院国家司法救助工作规则

（江苏省高级人民法院审判委员会会议纪要〔2021〕5号）

为进一步健全和完善司法救助工作运行机制，加强和规范国家司法救助工作，根据《关于建立完善国家司法救助制度的意见（试行）》（中政委〔2014〕3号）、《关于加强和规范人民法院国家司法救助工作的意见》（法发〔2016〕16号）、《人民法院国家司法救助案件办理程序规定（试行）》（法发〔2019〕2号）和《关于建立完善国家司法救助制度的实施意见（试行）》（苏政法〔2014〕25号），结合本院工作实际，制定本工作规则。

一、国家司法救助工作应当遵循的基本原则

国家司法救助，是人民法院在审判、执行工作中，对权利受到侵害无法获得有效赔偿、生活面临急迫困难的当事人采取的辅助性救济措施。开展国家司法救助工作，应当遵循以下基本原则：

1. 公正救助原则。严格把握救助标准和条件，规范救助程序，兼顾当事人实际生活困难情况和同类案件救助数额，做到公平、公正、合理救助。

2. 及时救助原则。对符合国家司法救助条件的当事人，应当根据当事人申请或者依照职权及时提供救助，确保及早化解社会矛盾。

3. 属地救助原则。管辖诉讼、执行案件或者正在处理涉诉信访问题的法院，负责受理、审查相应的国家司法救助案件。

有重大影响且救助金额较大的国家司法救助案件，上下级法院可以联动救助。

上下级法院联动救助的，分别立案，就各自决定救助的金额作出决定，决定书中写明联动救助的情况。

4. 一次性救助原则。对同一案件的同一当事人原则上只进行一次性国家司法救助。公安、检察等其他办案机关已经予以救助的，人民法院一般不再救助。

二、国家司法救助的工作机构

5. 本院司法救助委员会由立案、刑事审判、民事审判、行政审判、审判监督、执行、国家赔偿及行政装备管理等部门组成，负责国家司法救助工作。

司法救助委员会主任委员由分管赔偿委员会办公室的院领导兼任，副主任委员由赔偿委员会办公室和行政装备管理部门主要负责人兼任。

6. 司法救助委员会下设办公室，由赔偿委员会办公室行使其职能。

赔偿委员会办公室作为司法救助委员会的日常工作部门，负责牵头、协调和处理国家司法救助日常事务，执行司法救助委员会决议及办理国家司法救助案件。

三、国家司法救助的对象和条件

7. 当事人因生活面临急迫困难提出国家司法救助申请，符合下列情形之一的，应当予以救助：

(1)刑事案件被害人受到犯罪侵害，造成重伤或者严重残疾，因加害人死亡或者没有赔偿能力，无法通过诉讼获得赔偿，陷入生活困难的；

(2)刑事案件被害人受到犯罪侵害危及生命，急需救治，无力承担医疗救治费用的；

(3)刑事案件被害人受到犯罪侵害而死亡，因加害人死亡或者没有赔偿能力，依靠被害人收入为主要生活来源的近亲属无法通过诉讼获得赔偿，陷入生活困难的；

(4)刑事案件被害人受到犯罪侵害，致使其财产遭受重大损失，因加害人死亡或者没有赔偿能力，无法通过诉讼获得赔偿，陷入生活困难的；

(5)举报人、证人、鉴定人因举报、作证、鉴定受到打击报复，致使其人身受到伤害或财产受到重大损失，无法通过诉讼获得赔偿，陷入生活困难的；

(6)追索赡养费、扶养费、抚育费等，因被执行人没有履行能力，申请执行人陷入生活困难的；

(7)因道路交通事故等民事侵权行为造成人身伤害，无法通过诉讼获得赔偿，受害人陷入生活困难的；

(8)人民法院根据实际情况，认为需要救助的其他人员。

涉诉信访人，其诉求具有一定合理性，但通过法律途径难以解决，且生活困难，愿意接受国家司法救助后息诉息访的，可以参照上述规定予以救助。

8. 国家司法救助的对象限于自然人，法人和其他组织不属于救助范围。

四、国家司法救助的标准

9. 司法救助金以我省上一年度职工月平均工资为基准确定，一般不超过三十六个月的月平均工资总额。

上一年度职工月平均工资尚未公布的，以公布的最近年度职工月平均工资为基准。

损失特别重大、生活特别困难，需要

适当突破救助限额的，应当严格控制，救助金额不得超过人民法院依法应当判决给付或者虽已判决但未执行到位的标的数额。

五、国家司法救助案件的受理

10. 审判、执行部门（以下简称原案件承办部门）在办案或者处理涉诉信访过程中，结合案情和当事人生活困难情况，认为符合救助条件的，可以告知当事人提出国家司法救助申请。

救助申请人提出国家司法救助申请，一般应当提交以下材料：

（1）救助申请书，救助申请书应当载明申请救助的数额及理由；

（2）救助申请人的身份证明；

（3）实际损失的证明；

（4）救助申请人及其家庭成员生活困难的证明；

（5）是否获得其他赔偿、救助等相关证明；

（6）其他能够证明救助申请人需要救助的材料。

救助申请人确实不能提供完整材料的，应当说明理由。

原案件承办部门认为材料齐全的，应当在申请登记表上签注意见，加盖部门印章，并在五个工作日以内将救助申请人签字确认的申请须知、申请登记表、相关证明材料以及初审报告等内部材料一并移交司法救助委员会办公室。

司法救助委员会办公室经初步审查认为符合救助条件的，将相关材料移交立案部门立案。

11. 当事人未经告知直接向立案部门提出国家司法救助申请，经司法救助委员会办公室审查符合救助条件的，由立案部门一次性告知当事人提交相关材料，收齐材料后予以立案。

不符合救助条件的，由立案部门做好释明工作。

12. 立案部门对符合立案条件的国家司法救助案件，应当在五个工作日以内编立案号，将相关信息录入办案系统，以书面或者信息化方式通知救助申请人，并及时将案件移送司法救助委员会办公室。

13. 原案件承办部门或者立案部门认为申请材料不全或者有误，指定在合理期限内补正，救助申请人拒绝补正或者无正当理由逾期未予补正的，视为放弃救助申请，不予立案。

六、国家司法救助案件的审查决定

14. 办理司法救助案件，由司法救助委员会办公室的法官组成合议庭进行审查和评议，必要时也可以由司法救助委员会办公室的法官与原案件承办部门的法官共同组成合议庭进行审查和评议。

合议庭应当确定一名承办法官负责具体审查，撰写审查报告。

15. 合议庭审查国家司法救助案件，可以通过当面询问、组织听证、入户调查、邻里访问、群众评议、信函索证、信息核查等方式查明救助申请人的生活困难情况。

16. 经审查和评议，救助金额在三万元以下的，由合议庭讨论后，报请司法救助委员会主任委员授权的副主任委员同意后作出决定。

救助金额超过三万元在十万元以下的，由合议庭讨论后，报请司法救助委员会主任委员同意后作出决定。

救助金额超过十万元的，由合议庭讨论后，提交司法救助委员会讨论决定。

17. 合议庭评议意见不一致或者重大疑难的案件，提交司法救助委员会讨论决定。司法救助委员会讨论意见分歧较大的案件，可以提请审判委员会讨论决定。

18. 办理司法救助案件，应当在立案之日起十个工作日，至迟两个月以内办结。有特殊情况的，经司法救助委员会主任委员批准，可以再延长一个月。

有下列情形之一的，相应时间不计入办理期限：

（一）需要由救助申请人补正材料的；

（二）需要向外单位调取证明材料的；

（三）需要国家司法救助领导小组或者上级法院就专门事项作出答复、解释的。

19. 办理司法救助案件应当制作国家司法救助决定书，加盖人民法院印章。国家司法救助决定书应当及时送达。

不符合救助条件或者具有不予救助情形的，应当将不予救助的决定及时告知救助申请人，并做好解释说明工作。

七、国家司法救助资金的管理和发放

20. 已经设立的刑事被害人救助资金、涉诉信访救助资金、执行案件特困群体救助资金等专项资金统一合并为国家司法救助资金。

21. 救助金支付手续由原案件承办部门参与办理。

救助金一般应当及时、一次性发放。有特殊情况的，应当提出延期或者分批发放计划，经司法救助委员会主任委员批准，可以延期或者分批发放。

22. 发放救助金时，应当指派两名以上经办人，其中至少包括一名司法救助委员会办公室人员。经办人应当向救助申请人释明救助金的性质、准予救助的理由、骗取救助金的法律后果，指引其填写国家司法救助金发放表并签字确认。必要时，可以邀请救助申请人户籍所在地或者经常居住地村（居）民委员会或者所在单位的工作人员到场见证救助金发放过程。

23. 救助金一般应当以银行转账方式

发放。有特殊情况的，经司法救助委员会主任委员批准，也可以采取现金方式发放，但应当保留必要的音视频资料。

24. 司法救助委员会应当在年度终了一个月内就本院上一年度司法救助情况提交书面报告，接受纪检、监察、财政、审计部门和上级人民法院的监督，确保专款专用。

25. 救助申请人获得救助后，人民法院从被执行人处执行到赔偿款或者其他应当给付的执行款的，应当将已发放的救助金从执行款中扣除。

救助申请人通过提供虚假材料等手段骗取救助金的，人民法院应当予以追回；构成犯罪的，应当依法追究刑事责任。

涉诉信访救助申请人领取救助金后，违背息诉息访承诺的，人民法院应当将救助金予以追回。

从后续执行款中扣除的救助金、人民法院追回的救助金，回笼到救助金账户滚动使用。

江苏省高级人民法院
关于充分发挥涉外审判职能作用
服务保障更高水平对外开放的纪要

（江苏省高级人民法院审判委员会会议纪要〔2021〕6号）

为深入贯彻党中央关于进一步扩大对外开放、推动形成全面开放新格局的重大战略部署，充分发挥人民法院涉外商事海事审判职能作用，为建设更高水平开放型经济新体制提供有力的司法服务和保障，根据《最高人民法院关于人民法院服务保障进一步扩大对外开放的指导意见》及有关规定，结合江苏法院工作实际，形成纪要如下：

一、切实提高思想认识，增强服务保障更高水平对外开放的责任感和使命感

1. 深刻认识服务保障更高水平对外开放的重大意义。以“一带一路”交汇点建设为总揽，推动全方位高水平对外开放，努力在全国率先建成开放强省，是省委在新时代新起点作出的重大决策部署。对外开放进入高水平开放、制度型开放的新阶段，建设公平公正、透明可预期的国际一流营商环境，对市场法治环境和司法服务保障提出更高要求。全省各级法院要以习近平新时代中国特色社会主义思想为指导，认真学习贯彻习近平法治思想，以“争当表率、争做示范、走在前列”的使命担当，积极推进涉外审判体系和审判能力现代化建设，服务国家大局、优化营商环境、稳住外贸外资基本盘，让法治成为江苏发展核心竞争力的重要标志。

2. 准确把握服务更高水平对外开放的总体要求。找准涉外审判服务保障国家战略的结合点和着力点，服务保障“一带一路”交汇点建设、中国（江苏）自由贸易试验区建设以及长三角一体化发展，助力打造对外开放新高地。坚持依法平等保护中外当事人权益，营造中外市场主体平等参与竞争、同等受法律保护的市场环境。充分尊重当事人意思自治，保障当事人依法选择管辖法院、选择适用法律、选择纠纷解决方式的权利。依法行使管辖权，坚定维护我国司法主权，妥善解决好涉外司法管辖冲突问题。正确适用国际条约和国际惯例，准确查明和适用外国法，增强裁判的国际公信力。

二、完善涉外商事海事审判工作机制，提升司法服务保障实效和水平

3. 进一步提升涉外商事海事审判能力，推进高水平制度型开放。依法行使涉外司法管辖权，充分保障中外当事人诉讼权利。依法妥善审理国际贸易纠纷案件，维护国际产业链供应链稳定。依法妥善审理外商投资纠纷，平等保护中外投资者合法权益，推动建立人民法院与投资主管部门、商务部门的沟通协调机制，引导外商投资企业完善公司治理、规范经营行为。依法妥善审理跨境金融纠纷，全面提升跨境金融审判能力水平，加大对中外各类金融机构合规经营活动的司法保护力度。依法妥善审理海上货物运输合同纠纷，推动航运业健康发展。

4. 善用法治思维主动研判大局，探索服务保障国家战略实施新模式。探索境外合作园区的中国法律适用，研究陆海联运、江海联运等法律问题，服务保障高质量推进“一带一路”交汇点建设。继续推动在自贸试验区内设立专门审判机构，推行诉讼文件送达地址先行确认及责任承诺制，加强自贸试验区法治保障。积极融入国际海事司法中心建设，依法及时审理港口建设、船舶建造、航运金融、海上货物运输、海洋生态保护等案件，服务保障海洋强国战略实施。

5. 深入实施审判精品战略，扩大涉外审判的国际影响力。注重审理涉及国际条约适用、确认新型商业规则，行业影响广、社会关注度高的涉外案件，在重大法律问题上作出有影响力、经得起检验的精品判决，在确立和引领国际规则上有所作为。完善精品案例的发现、培育、交流机制，拓展精品案例推介渠道，积极扩大江苏法院涉外审判的影响力。深化司法公开，发布中英文双语白皮书，向国际社会充分展示江苏现代司法文明。

6. 拓展域外法律查明途径，提升人民法院准确查明和适用域外法的能力。充分发挥中外法律专家在准确查明和适用域外法方面的作用。进一步提升江苏法院外国法查明专家库功能，拓展中外法律专家选聘渠道，增补境外法律专家。加强与国内海事法律科研机构联系，增选海事海商领域的域外法专家。积极推动现有域外法查明资源整合，促进平台融通，形成专业、便捷的域外法律查明机制。

7. 加强国际司法协助，切实保障中外当事人合法权益。及时办理司法文书送达、调查取证等司法协助请求。积极利用大数据分析各国司法协助办理时间，合理预留开庭时间。规范涉外送达文书格式，提高涉外司法协助的质效。妥善适用推定互惠原则，对有证据证明根据对方国家法律规定，在同等情况下人民法院作出的民商事判决可以得到该国法院承认和执行，且对方国家的法院不存在以互惠为理由拒绝承认和执行人民法院民商事判决的先例的，可以推定与对方国家之间存在互惠关系。

8. 建立健全多元化纠纷解决机制，打造涉外商事争端解决优选地。推动苏州国际商事法庭等专门审判组织建设，加强与符合条件的国际商事调解机构、仲裁机构沟通合作，共同构建调解、仲裁、诉讼有机衔接的"一站式"纠纷解决平台。整合法律服务资源，注重利用国内外律师、仲裁员、专家等力量，建设调解员队伍，探索以境内外专业调解人士联合调解为代表的特邀调解模式，提升当事人的首选率和认可度。对照中国参与签署的《新加坡调解公约》，研究探索境内商事调解协议司法确认制度，确保国内商事调解协议域外可执行性。进一步完善司法支持监督仲裁的工作机制，规范仲裁司法审查案件的审理程序，依法及时办理仲裁临时措施，促进提升仲裁公信力。

9. 创新司法服务机制，便利中外当事人参与诉讼。境外当事人提交身份证明文件，或从境外提交授权委托书、证据等，因疫情无法及时办理公证、认证或者相关证明手续，人民法院可以准许当事人延期提交，或者通过网络视讯等方式查明当事人身份。在当事人同意的基础上，探索运用信息化手段在线审查境外证据、询问境外证人，有效提升涉外审判信息化水平。依托江苏法院微解纷平台，全面开展在线调解工作，为当事人提供在线咨询评估、调解、司法确认等一站式解纷服务。

三、大力强化人才保障，加快建设高素质涉外商事海事审判队伍

10. 加强涉外审判队伍建设，大力提升司法能力。完善涉外审判人才培训、选拔、使用体系，努力培养政治立场坚定、具有国际视野、通晓国际规则的涉外审判专业人才，为涉外审判工作提供根本保障。落实与相关高等院校及研究机构签订的合作协议，在实务课程、案例研究、课题调研、人才培养等方面开展深度合作，提升法官综合素养和能力。

2020年江苏法院知识产权司法保护十大典型案例

案例1:将小说改编成游戏作品的侵权认定——上海玄霆娱乐信息科技有限公司与成都吉乾科技有限公司等侵害著作权纠纷案

【案件信息】

案号:徐州中院(2016)苏03民初369号、江苏高院(2018)苏民终1164号

原告:上海玄霆娱乐信息科技有限公司

被告:成都吉乾科技有限公司、四三九九网络股份有限公司

【裁判要旨】

电子游戏与小说是不同的作品表达方式,在涉及被控侵权游戏作品是否根据他人小说改编的著作权纠纷中,判断二者是否构成实质性相似时,不能仅以其使用涉案小说独创性内容文字数量的比重为标准,应综合判断其是否使用了小说中独创性表达的人物、人物关系、技能、故事情节等元素,并考虑该游戏所利用的小说中独创性内容在该游戏中所占比重。在判断该比重时,可以通过对游戏资源库文件反编译后,提取其中的内容与涉案小说的内容进行比对,以辅助确定游戏是否使用了文字作品有关独创性的内容。

【基本案情】

《斗罗大陆》系张威创作的奇幻小说,2008年12月首发于"起点中文网"。2009年6月5日,张威与玄霆公司签订《游戏改编权转让协议》,将涉案文学作品《斗罗大陆》在全球范围内的游戏改编权永久独家转让于玄霆公司。

《斗罗大陆外传:神界传说》系其2015年3月创作的《斗罗大陆》外传系列。2015年3月19日,张威将《斗罗大陆:神界传说》在全球范围内的独家游戏改编权授权思路公司,授权期限为2015年3月19日至2020年3月15日。同日,思路公司将上述权利授权给哆可梦公司。2016年1月1日,哆可梦公司向吉乾公司出具授权书,将其拥有的《斗罗大陆:神界传说》开发成手机游戏的改编权、小说作品元素使用权授权吉乾公司行使,吉乾公司有权进行该手机游戏的开发、运营、推广。

斗罗大陆(神界篇)游戏软件[简称:斗罗大陆(神界篇)]v1.0的所有权人为

哆可梦公司，登记号为 2015SR131087，证书编号为软著登字第 1018173 号，开发完成日为 2014 年 5 月 20 日，登记日为 2015 年 7 月 27 日。新斗罗大陆（神界篇）游戏软件［简称：新斗罗大陆（神界篇）］v2.0 的所有权人为吉乾公司，登记号为 2015SR21691，证书编号为软著登字第 1118777 号，开发完成日为 2015 年 6 月 20 日，登记日为 2015 年 11 月 25 日。新斗罗大陆（神界篇）游戏系在原游戏基础上进行了增加开放龙神传说、开放红包功能、开放暗器功能等方面的调整。玄霆公司认为吉乾公司、四三九九公司未经许可，侵害了其对涉案《斗罗大陆》作品的改编权，向法院提起诉讼，请求判令停止侵权，赔偿经济损失 2000 万元，一审法院判决吉乾公司赔偿 500 万元。吉乾公司不服，提起上诉。

【法院认为】

改编是在原作品的基础上，通过改变作品的用途或形式，对原作品中独创性的表达进行再创作而创作出的新作品；改编已有作品，其著作权由改编权人享有，但行使著作权时，不得侵害原作品的著作权。改编作品应满足两个构成要件：第一，改编行为必须使用原作品中独创性的表达；第二，改编行为需对原作品进行独创性改变而创作出新作品，新作品具有相同或不同的表达方式。小说是以文字形式表现的作品，通常是在特定的人物形象、特定的人物关系设置的基础上，与人物融合的情节安排相搭配，并将人物关系以及人物融合的情节安排以一定的逻辑连贯、编排而呈现故事发展的整体。电子游戏是人机交互的游戏，其构成包括游戏引擎和游戏资源库。游戏引擎是为运行某一类游戏的机器而设计，能够被机器识别的代码集合；游戏资源是指游戏中各种素材的集合，包括图像、文字、声音、音乐、动画等，为最终呈现在玩家面前的效果所用。游戏引擎则是按游戏设计的规则调用这些资源。在游戏软件运行过程中，玩家通过控制游戏设定的角色，按照游戏设定的规则进行操作，逐渐在界面上呈现出由人物角色、人物关系、技能等元素融合预设的故事情节。电子游戏与小说是不同的表达方式，判断二者是否构成实质性相似时，应综合判断其是否使用了小说中独创性表达的人物、人物关系、故事情节等元素，还要考虑该游戏所利用的小说中独创性的内容在该游戏中的所占比重。

法院经审理认为吉乾公司侵害了涉案《斗罗大陆》小说改编权。首先，涉案《斗罗大陆》小说中人物和魂兽角色，被涉案作品作者赋予了特定性格，融入了特定人物关系，带入了特定故事情节，贯穿整个作品始终，出现频率非常高，对于作品来说具有重要影响。人物角色、魂兽角色、技能方面元素以及其结合的人物关系、魂兽关系、故事情节等，反映了作者精心的取舍、选择、安排和设计，体现了作者的艺术品位和风格，吸引了众多读者，因而属于涉案《斗罗大陆》小说独创性的基本表达，应受著作权法所保护。其次，被诉游戏与涉案

《斗罗大陆》作品构成实质性相似。其一，涉案游戏属于大型游戏，体量较大，仅公证涉案游戏17章，即用时十个工作日，如对所有章节进行公证，玄霆公司需要支出巨大成本，且对玩家也有较高要求，无疑增加了权利人举证难度和维权成本，有违公平、效率原则。其二，涉案游戏与涉案《斗罗大陆》小说二者表达方式不同，不能仅以其使用涉案《斗罗大陆》小说文字数量来判断二者是否构成实质性相似。涉案《斗罗大陆》实体书共有十二册，约264万文字。但考虑到游戏软件通常包含游戏资源库，故在判断被诉游戏使用的比重时，可以通过对游戏资源库文件进行反编译后，提取其中的内容与涉案小说的内容进行比对，以辅助确定游戏是否使用了文字作品的有关内容。通过对涉案游戏资源库文件夹中的文件反编译后发现，被诉游戏中人物和魂兽名称与涉案《斗罗大陆》小说中的人物和魂兽名称完全相同；技能与涉案小说基本相一致；故事情节与涉案小说基本相同，情节发展的先后顺序亦相同。据此，根据高度盖然性的证明标准，可以认定被诉游戏大量使用了涉案《斗罗大陆》小说中人物和魂兽名称、人物关系、技能和故事情节等元素，与涉案《斗罗大陆》小说构成实质性相似。其三，《斗罗大陆外传：神界传说》与涉案小说在人物名称、关系、技能方面确有部分重合，但《斗罗大陆外传：神界传说》讲述的是史莱克七怪飞升为神后在神界发生的故事，而《斗罗大陆》讲述的是史莱克七怪在斗罗大陆相识相知，战胜一切困难，从魂师逐步成长为封号斗罗，并最终战胜武魂殿的故事，二者在故事情节方面存在明显不同。被诉侵权游戏的主线副本前17章除前序、第1章、第5章少量涉及《斗罗大陆外传：神界传说》的内容外，大量使用了涉案《斗罗大陆》小说中独创性的内容。故吉乾公司关于其获得《斗罗大陆外传：神界传说》移动游戏改编权，不侵害涉案《斗罗大陆》作品的游戏改编权的主张，不能成立。

综上，法院认定吉乾公司未经玄霆公司许可开发涉案游戏，侵害了玄霆公司享有的对涉案作品的改编权，遂判决吉乾公司赔偿玄霆公司损失及合理费用共计500万元。

【典型意义】

本案涉及手游对文字作品改编权的侵权认定问题，对今后类案的审理具有一定的指导意义。本案判决明确了认定游戏作品侵害他人对文字作品改编权的具体规则，即判断二者是否构成实质性相似时，不能仅以其使用涉案小说独创性内容文字数量的比重为标准，应当综合判断，并通过对游戏资源库文件反编译的手段辅助判断。同时，大型游戏体量较大，权利人取证需要支出巨大成本，且对玩家也有较高要求。法院采取该认定规则时并未绝对要求权利人维权过程中公证所有游戏章节。该审理思路对提高审判效率和降低权利人维权成本也具有意义。

案例2:首例判决确定我国企业使用外国标准必要专利使用费率案——华为技术有限公司等与康文森无线许可有限公司确认不侵害专利权及标准必要专利使用费纠纷案

【案件信息】

案号:南京中院(2018)苏01民初232、233、234号

原告:华为技术有限公司、华为终端有限公司、华为软件技术有限公司

被告:康文森无线许可有限公司

【裁判要旨】

标准必要专利的实施者和利害关系人有权针对相关标准必要专利在中国提起确认不侵害专利权及确定标准必要专利使用费率之诉。在确定标准必要专利使用费率的过程中,要对业界标准必要专利使用费率的测算方法和当事人选择的测算方法充分分析,并结合具体案情恰当选择。本案根据具体案情在国内首次采用自上而下法,用中国累积费率除以各自标准项下的中国标准必要专利总族数,得出各标准项下单模移动终端产品中国单族标准必要专利的基准费率。

【基本案情】

2017年7月,康文森无线许可有限公司(以下简称康文森公司)以欧洲专利为客体,在英国法院起诉华为技术有限公司(以下简称华为公司)及其英国关联公司,要求裁定其享有的包括中国在内的全球专利包针对华为公司的标准必要专利许可费率。

华为公司认为,华为公司的终端产品的主要制造地和销售市场都在中国,故华为公司及其中国关联公司于2018年1月向江苏省南京市中级人民法院(以下简称南京中院)提起确认不侵害专利权及标准必要专利使用费纠纷三案诉讼。原告诉称,被告无视华为公司的终端产品的主要制造地和销售市场都在中国的事实,怠于针对其中国专利在中国行使诉权的行为,导致原告制造、销售、许诺销售华为移动终端产品的行为是否存在侵权处于不明确状态。同时,康文森公司的涉案专利权大多已被原专利复审委员会宣告全部无效且基本不属于3GPP技术标准的标准必要专利,康文森公司未能遵从其FRAND义务,提供足够的信息,使原告无法判断被告所声称的标准必要专利的价值。因此,原告向南京中院提起诉讼,请求判令确认原告在中国制造、销售、许诺销售移动终端产品的行为不侵害被告的涉案专利权;并请求就被告所有以及有权作出许可的、声称并实际满足2G、3G、4G标准或技术规范且为原告所实际实施的全部中国必要专利,判令确认符合公平、合理、无歧视原则的对原告产品的许可条件,包括费率。被告康文森公司辩称,确认不侵犯专利权之诉与标准必要专利使用费之诉是两个没有关联的诉,不应当在一个案件中审理;三案中确认不侵权之诉所涉及的专利,目前暂时被原专利复审委员会认定为无效,法院应当

驳回原告的起诉;原告提交的相关报告和补充报告没有事实依据。同时,康文森公司主张采用相似许可比较法来计算标准必要专利的许可费率,如对于无线通信终端产品其主张的许可费率应当是:2G 手机为 0.032%、3G 多模手机为 0.181%、4G 多模手机是 0.13%。

康文森公司曾致函华为公司,提供了其主张的标准必要专利清单,该清单中包括了其在中国申请的现行有效的 10 族 11 件专利。在南京中院审理过程中,双方当事人一致确认在三案中要求确认专利实施许可条件的专利增加 4 族 4 件发明专利。综上,三案涉及的要求确认专利实施许可条件的专利共 14 族 15 件,专利权人均为康文森公司。上述 15 件专利中,已被专利复审委员会、专利局复审和无效审查部宣告全部无效了 8 件。故法院只对目前处于有效或者部分有效状态的 7 件专利是否属于标准必要专利进行判定。

【法院认为】

一、原告有权提起本案诉讼。本案中,华为公司与涉案专利许可具有法律上利害关系,因为被告怠于在中国以诉讼形式行使其专利权,而采用请求国外法庭裁判全球费率的方式,有意规避中国司法机关对行为人实施中国专利是否可能造成侵权的司法审查,对包括本案原告在内的实施者和利害关系人各自行为造成了巨大的不确定性。本案原告寻求将这种不确定性通过司法确认和裁判转化为确定或稳定的法律状态,原告具有诉的利益,即针对原告请求事项和特定当事人作出本案判决存在必要性及实效性。因此,原告是三案适格的当事人,具备我国民事诉讼法规定的原告主体资格。

二、原告请求确认涉案三件样本专利不侵权的诉讼请求已无必要。由于三案所涉的 3 件样本专利,目前均被专利复审委员会、专利局复审和无效审查部宣告无效。因此,对原告请求确认不侵权已无必要,故对该诉讼请求不予支持。

三、现存 7 件有效专利与 3GPP 标准技术比对结果。3GPP 组织要求相关的标准必要专利遵从于各组织伙伴的知识产权政策。3GPP 各组织伙伴的知识产权政策都是以 FRAND 为基础,在实践中,几乎所有的 3GPP 标准的技术贡献者都选择通过向 ETSI 声明标准必要专利的方式来进行知识产权政策的遵从。本案涉案专利也是通过 ETSI 进行标准必要性声明的。ETSI 虽然是一个欧洲的标准化组织,但由于其声明的标准必要专利是与 3GPP 标准直接相关的,而 3GPP 标准已经在全球被广泛使用,因此各国法庭也都在判例中认可 ETSI 的知识产权政策对标准必要专利声明人的约束力。在具体实践中认定某一专利是否为标准必要专利时,需要把专利的权利要求和标准规范比较,如果权利要求的每个技术特征都可以在标准规范中找到对应,该权利要求则为“标准必要”。如权利要求有任何一个技术特征不能在标准规范中找到对应，该权利要求则为“非标准必要”。如果某一专利的所有独立权利要求都属于非标准必要，该专利则被视为非标准必要。经技术比对，本案涉案7件专利的涉案专利权利要求与3GPP对应的标准技术的比对结果为：专利ZL200380102135.9“用于为组播内容提供选择分集的系统和方法”的权利要求16和31属于3GPP标准下，关于4G技术的标准必要专利，其余专利经与3GPP标准技术比对均为非标准必要专利。

四、本案并不具备适用可比协议法条件。被告证据中所涉专利包质量不具有可比性，本案中被告提供了石敏博士专家报告，该报告中以无线星球案判决结果作为本案费率计算的可比依据不合理。因为，被告在本案引用可比协议法的论证基础是康文森公司的专利包许可费率与无线星球案判决结果具有可比性，而前述可比性成立的必要前提是，本案所涉康文森专利包与无线星球专利包具有可比性，即二者的专利包质量大体相当。石敏博士通过引用第三方调查报告，认为诺基亚公司专利包的真实必要率（即真实必要专利与声明必要专利的比例）与爱立信公司的真实必要率相仿，就此推论康文森与无线星球两个专利包的质量大体相等是没有根据的，该报告无法支撑前述结论。具体理由是：其一，分包不同于整包。无线星球是从爱立信受让的专利包，康文森是从诺基亚受让的专利包，但是他们都不是整包购买，而只是购买了一部分的分包。其二，即使按照被告专家证人石敏博士的报告所述，诺基亚的标准必要率平均值为50.6%，即诺基亚的声明专利中有近一半是非真实标准必要的，这还没有计算大量的未声明专利。而根据本案查明的事实，被告康文森公司在本案中提出的包括15件专利的专利包，8件已被宣布全部无效，剩余的7件也只有1件是标准必要专利。由此可见，将诺基亚的平均标准必要率，直接适用到康文森的专利包上，是缺乏基础和条件的。特别是被告在本案的举证期限内，未能提供其认为可比的协议供法庭参照。

五、原告主张的自上而下法更适合本案。采用自上而下法，标准必要专利的中国费率的计算公式为：单族专利的中国费率＝标准在中国的行业累积费率×单族专利的贡献占比。中国4G/3G/2G行业累积费率为：中国4G标准行业累积费率区间为3.93%～5.24%；中国3G标准行业累积费率为2.17%；中国2G标准行业累积费率为2.17%。在4G、3G、2G领域内，中国标准必要专利数量分别为2036、1218、517族。

综上，采用自上而下法对三案涉及的标准必要专利许可费率予以确认：单模2G或3G移动终端产品中，中国专利包即中国标准必要专利的许可费率为0；单模4G移动终端产品中，中国专利包即中国标准必要专利的许可费率为0.00225%；多模2G/3G/4G移动终端产品中，中国专利包即中国标准必要专利的许可费率为0.0018%，并且原告仅需就一件专利技术方案（专利号：ZL200380102135.9）的4G移动终端产品向被告康文森公司按上述许可费率支付许可费。同时，法院明确：首先，许可专利为康文森公司所有以及有权做出许可的、声称并实际满足2G、3G、4G标准或技术规范且为华为公司实际实施的全部中国必要专利；其次，许可产品为华为公司的移动终端产品，即手机和有蜂窝通信功能的平板电脑；最后，许可行为包括制造、销售、许诺销售、进口许可产品，以及在许可产品上使用许可专利。一审判决后，三案被告不服一审判决，向最高人民法院提起了上诉。二审中，经最高人民法院调解，双方达成全球“一揽子”和解。

【典型意义】

本案系国内首起确认不侵害国际标准必要专利权之诉，以及首例判决确定我国企业使用外国标准必要专利使用费率的案件，入选最高人民法院发布的2020年中国法院10件涉技术类典型案件。本案判决为二审法院最终促成双方达成全球和解，“一揽子”解决所有纠纷打下良好基础，在国际上引起较大反响，也是有力依法维护我国企业合法权益，促进我国智能手机产业发展的一个非常典型的案例。本案的亮点还在于对标准必要专利使用费率的确定，在国内首次使用自上而下法对标准必要专利使用费率进行了确定，为今后类案处理提供了有益的实践探索。

案例3：考虑惩罚性因素以法定赔偿最高限额确定赔偿数额——江苏联慧资源环境科技有限公司诉上海环境工程设计研究院有限公司等侵害发明专利权纠纷案

【案件信息】

案号：苏州中院（2015）苏中知民初字第00167号、江苏高院（2018）苏民终863号

原告：江苏联慧资源环境科技有限公司

被告：上海环境工程设计研究院有限公司、江苏永钢集团有限公司、张家港联泰科技有限公司

【裁判要旨】

对于专利侵权行为发生时法律尚未规定惩罚性赔偿制度的故意侵权行为，在适用法定赔偿方式时，可以根据侵权人主观恶意程度及侵权情节严重程度，考虑惩罚性因素，就高确定赔偿数额。

【基本案情】

江苏联慧资源环境科技有限公司（以下简称联慧公司）拥有独占实施“外部再生循环亚硫酸镁法烟气或废气的脱硫工艺”发明专利的权利。

2012年1月15日，因拓展需要，联慧公司与上海环境工程设计研究院有限公司（以下简称上海环境研究院）签订战略合作协议书，约定上海环境研究院经其许可可以使用涉案专利承接项目，协议期限至2015年1月14日。2012年6月，联慧公司、上海环境研究院与德龙钢铁有限公

司签订相应技术协议。同年7月,上海环境研究院为德龙钢铁有限公司 $132m^2$ 烧结机烟气脱硫系统工程签订总承包项目商务合同,约定工程由上海环境研究院采用联慧公司的“亚硫酸镁清液法”专利技术。

2014年11月,上海环境研究院分别与张家港联泰科技有限公司(以下简称张家港联泰公司)及其隶属的江苏永钢集团有限公司(以下简称江苏永钢公司)签订协议,约定上海环境研究院为后者供应、安装脱硫设备,并提供相应技术支持。2015年5月15日,联慧公司就上海环境研究院上述行为向江苏永钢公司发送告知函。

联慧公司认为,上海环境研究院私自与张家港联泰公司及其所隶属的江苏永钢公司签订合同,实施涉案专利技术,侵害其发明专利权,故向法院提起诉讼,要求上海环境研究院、张家港联泰公司等停止侵害涉案专利权的行为,拆除设备,赔偿经济损失270万元,支付维权律师费支出12.58万元。

【法院认为】

张家港联泰公司采用的脱硫方法落入联慧公司涉案专利权利要求的保护范围。虽然联慧公司与上海环境研究院在德龙钢铁有限公司发包的脱硫系统工程中有合作的前例,但并不意味着上海环境研究院已就涉案被控侵权项目中实施专利获得了专利权人的当然许可。同时,上海环境研究院辩称其向江苏永钢公司、张家港联泰公司提供的脱硫工艺系来自公开技术及其改进,但未能就此提供证据支持。上海环境研究院作为涉案被控侵权项目脱硫技术及脱硫装置的提供方,理应承担停止侵权、赔偿损失的民事责任。联慧公司未有证据证明江苏永钢公司、张家港联泰公司在签订相关合同、协议及后续施工中知晓上海环境研究院提供的技术涉嫌专利侵权。在江苏永钢公司、张家港联泰公司就其所用脱硫方法说明合法来源、不知涉嫌侵权并提供较高对价的前提下,联慧公司对其所提诉请缺乏依据。

就上海环境研究院应承担的赔偿金额,法院认为,在联慧公司因侵权造成的损失、上海环境研究院的侵权获利难以直接计算的情形下,综合考量涉案专利的类型、侵权情节、案涉合同价款等因素,对上海环境研究院的赔偿金额依法予以酌定。具体而言,涉案专利系常用于重大化工项目配套环保设施方面的方法发明专利,案涉侵权项目合同及协议包括脱硫设备供应及相应的技术支持两块,合同总价款为1035万元且张家港联泰公司已实际支付6205000元。同时,在上海环境研究院与联慧公司存在多项合作的情形下,上海环境研究院私自与江苏永钢公司、张家港联泰公司就脱硫项目签订协议实施涉案专利,上海环境研究院在来往邮件中对侵权事宜亦有提及,可见上海环境研究院有明显的侵权故意。另外,法院现场勘验时涉案脱硫装置处于停运状态，相关接口被封闭，部分技术特征缺乏直接比对的条件，而上海环境研究院在掌握涉案脱硫装置相关技术资料的情况下拒不提供。综上，有理由相信上海环境研究院的侵权获利较高，其故意侵权且情节严重，故依法酌定其不低于法定赔偿最高额 100 万元的经济赔偿。此外，联慧公司就涉案侵权事宜在一审环节支出律师费 125800 元经查证属实，考虑本案性质、难度、代理工作量等因素，对此应予以支持。综上，法院判决上海环境研究院立即停止对联慧公司发明专利的侵权行为；赔偿联慧公司经济损失 1000000 元，支付联慧公司维权合理支出 125800 元。

【典型意义】

本案涉及用于重大化工项目配套环保设施的生产工艺专利被侵害情形。侵权行为发生时，我国专利法尚未规定惩罚性赔偿制度。法院在适用法定赔偿时，考虑到侵权人在与权利人合作期间擅自与他人签订合同，实施涉案专利技术，且妨碍举证，主观恶意及侵权情节较为严重等事实及相关惩罚性因素，提高了专利侵权赔偿数额，按照当时专利法规定的法定赔偿最高限额 100 万元确定赔偿数额，并全额支持原告主张的律师费 12 万余元。本案判决适用惩罚性赔偿对情节严重的故意侵权行为予以严厉打击，充分体现对科技创新程度高的专利技术加大保护力度，最严格保护知识产权的价值导向。

案例 4：职务发明中“本职工作”“原单位分配的任务”的认定——海默科技（集团）股份有限公司与无锡洋湃科技有限公司专利权权属纠纷案

【案件信息】

案号：苏州中院（2018）苏 05 民初 541 号、江苏高院（2019）苏民终 236 号

原告：海默科技（集团）股份有限公司

被告：无锡洋湃科技有限公司

【裁判要旨】

《中华人民共和国专利法实施细则》第十二条规定中的“本职工作”，通常是指个人基于其所担任的职务或从事的职业而应当自己完成的职责范围内的工作。“原单位分配的任务”，应当是指原工作单位分配给员工的其本职工作以外的工作任务。“本职工作”“原单位分配的任务”通常不包括原单位已明确排除的研发项目。

【基本案情】

海默科技（集团）股份有限公司（以下简称海默集团）成立于 1994 年，核心业务领域为多相流量计，相应的产品包括标准型多相流量计、总量计量多相流量计、短节型流量计、湿气流量计、低产油井测量装置、高性能油井测量装置等。海默集团设立有北京分公司研发部等多个研发机构。

无锡洋湃科技有限公司（以下简称洋湃公司）设立于 2015 年 12 月 11 日，主营业务为海洋工程装备；油气田井下探测计量设备的研发、销售；油气田技术服务等。2016 年 10 月 9 日，洋湃公司向国家知识

产权局提出名称为“一种测量多相流中气液两相各自流量的临界流喷嘴流量计”的实用新型专利申请，后被授权。专利申请号：CN201621108266.9，授权公告日2017年4月19日，专利申请的发明人分别为陈某革、吴某永、徐某。陈某革原为海默集团的发起人之一，曾任海默集团的副总裁兼首席技术官，负责海默集团生产优化与测试服务集团（以下简称PMG集团）技术中心的工作。2015年11月13日，陈某革办结离职手续。陈某革自海默集团离职后，作为发起人和股东（占50%股份）设立洋湃公司。徐某曾于2013年9月入职海默集团北京分公司担任技术中心技术总监一职，于2016年1月26日离职，办理离职手续时工作交接事项中项目资料类内容为“探头小型化、FPGA变送器、DSP-DAU、一体化SP流量计、计数稳定性改进、变送器通讯程序、各类研发数据资料”。吴某永曾在海默集团兼职，兼职聘用期至2015年11月。诉讼中，吴某永出具书面声明，对申请人为洋湃公司的包括CN201610882309.7号在内的6项专利权放弃任何权利。

海默集团主张，涉案专利的发明人陈某革、徐某的本职工作已经明确了临界流流量计的设计和计算模型，采用伽马射线探测器以及文丘里管的研究。请求法院确认名称为“一种测量多相流中气液两相各自流量的临界流喷嘴流量计”的实用新型专利（专利申请号：CN201621108266.9）为海默集团所有。

【法院认为】

《中华人民共和国专利法实施细则》第十二条规定中的“本职工作”，通常是指个人基于其所担任的职务或从事的职业而应当自己完成的职责范围内的工作。同时，根据条文的内容、顺序及其内在逻辑关系，该条规定中的“原单位分配的任务”，应当是指原工作单位分配给员工的超出其本职工作范畴的工作任务。在此需要指出的是，本职工作或原单位分配的任务通常不包括原单位已明确排除的研发项目。就本案而言，涉案专利解决的是临界流这一特殊条件下多相流中气液各自流量的测量问题。实践中，临界流状况的出现并不多见。海默集团自成立后的核心业务即为针对通常条件下多相流量计产品的研发、生产。虽然海默集团技术人员在2004年编写了《孔板设计与计算指南》，但该指南中提及的临界流概念、临界流压力比、孔板测量公式等内容主要来源于公知文献，在洋湃公司提供的、自1993年8月起实施的国家标准《流量测量节流装置用孔板、喷嘴和文丘里管测量充满圆管的液体流量》中亦有类似内容。2009年在长庆油田项目中意外出现临界流状况时，海默集团通过借鉴临界流孔板相关公知技术，并结合实际情况临时解决突发问题。之后，其研究项目仍集中于通常条件下的多相流流量计量相关技术问题。结合海默集团关于临界流极为罕见，海默集团对此没有进行研发的相关陈述，可以认定涉案发明创造属于已被海默集团排除的研发项目。此外，涉案专利发明人陈某革等人本身具有较强的专业知识背景，且涉案专利侧重于临界流条件下两相流流量测量方面的理论性研究探索，结合本案具体案情，发明人陈某革等人在离职后一年内凭个人之力作出涉案发明创造亦具有一定合理性。基于以上因素的考量，根据本案现有证据，法院判决认定海默集团主张“一种测量多相流中气液两相各自流量的临界流喷嘴流量计”实用新型专利申请内容系发明人在原单位承担的本职工作或者原单位分配的任务相关联依据不足，涉案专利不属于专利法规定的职务发明，专利权归属洋湃公司所有，遂判决驳回海默集团的诉讼请求。

【典型意义】

本案涉及职务发明创造的确认，如何准确认定离职员工在原单位的本职工作范围，是认定员工离职后一年内作出的发明创造是否属于职务发明的难点。对本职工作范围的解释过宽，不利于调动技术人员发明创造的积极性。本案判决详细分析了职务发明纠纷中“本职工作”“原单位分配的任务”等概念的内涵，在查明原单位研发内容的基础上，结合发明人的专业知识背景等因素，认定涉案发明创造属于已被原单位排除的研发项目，不属于职务发明创造。本案判决充分体现了鼓励技术人员创新，激发全社会创新活力的裁判导向，对于如何平衡技术人员与单位在技术创新活动中的利益关系，准确界定职务发明创造与非职务发明创造的界限，具有典型意义。

案例 5：未注册驰名商标的保护——南社布兰兹有限公司与淮安市华夏庄园酿酒有限公司、杭州正声贸易有限公司侵害商标权纠纷案

【案件信息】

案号：南京中院（2018）苏 01 民初 3450 号

原告：南社布兰兹有限公司

被告：淮安市华夏庄园酿酒有限公司、杭州正声贸易有限公司

【裁判要旨】

1. 对于相关公众广为知晓但因他人抢注而未能核准注册的商标，人民法院可以根据当事人请求，在商标侵权案件中结合该商标使用持续时间、宣传投入、范围、程度以及受保护记录等因素，依法认定为未注册驰名商标并予以保护。

2. 行为人违反诚实信用原则，对于明知是他人未在中国注册的驰名商标，利用商标注册先申请原则，抢先申请注册或受让与该未注册驰名商标相同或近似的商标，并使用在相同或者类似商品上，获得不当利益，给权利人造成损害的，人民法院可以根据权利人请求，判决行为人停止使用并赔偿损失。

【基本案情】

原告南社布兰兹有限公司（以下简称南社布兰兹公司）系知名葡萄酒品牌

“Penfolds”注册商标的权利人。20世纪90年代“Penfolds”葡萄酒进入中国后，南社布兰兹公司将“奔富”作为“Penfolds”葡萄酒的中文名称一直沿用至今。经过南社布兰兹公司长时间、大范围、持续地宣传、销售和推广，“奔富”葡萄酒获得了较高的知名度和影响力，被广大消费者所熟悉和认可。在葡萄酒商品上，“奔富”与“Penfolds”也逐渐形成了唯一对应的关系。《中国食品》《中华工商时报》等媒体将“奔富”作为“Penfolds”的中文翻译使用在宣传报道中，国家工商行政管理总局商标局（以下简称商标局）、工商行政管理总局商标评审委员会（以下简称商评委）以及法院在相关裁定和判决中，曾多次认定“奔富”与“Penfolds”具有对应性。

“奔富”商标积累了巨大的商业价值，导致案外人恶意抢注。2011年南社布兰兹公司申请注册“奔富”商标时，因与在先注册的商标近似，被商标局驳回申请。南社布兰兹公司不服提起行政诉讼，经过一审、二审和再审程序，最高人民法院作出判决：撤销一审、二审行政判决和商评委决定，商评委就“奔富”商标重新作出决定。本案诉讼期间，南社布兰兹公司申请的“奔富”商标已初审公告。

被告淮安市华夏庄园酿酒有限公司（以下简称华夏庄园公司）多次向商标局申请注册“PENFOILLS”“PENFUNILS”等与“Penfolds”近似的英文商标，同时还从案外人处受让了“奔富尼澳”中文注册商标，并将“奔富”“奔富尼澳”“Penfunils”等标识大量地使用在其生产的葡萄酒商品上，由被告杭州正声贸易有限公司（以下简称杭州正声公司）进行销售。经南社布兰兹公司申请，“奔富尼澳”商标被商评委宣告无效，“PENFOILLS”“PENFUNILS”的商标注册申请亦被商标局驳回。原告南社布兰兹公司认为两被告上述行为侵害了其商标权，提起诉讼要求被告华夏庄园公司、杭州正声公司立即停止侵权并赔偿其经济损失及合理维权支出100万元。

【法院认为】

一、原告的“奔富”商标有必要且能够被认定为未注册驰名商标。首先，商标是识别商品或者服务来源的标志，其价值建立在以使用为基础的商业信誉之上。同注册商标一样，未注册商标因长期使用行为也能够积累商业信誉，具备显著性和知名度，相关公众可以凭借未注册商标将特定商品与其他商品进行区分。因此，未注册商标达到一定知名度时，客观上能够产生市场价值和商业利益，未注册驰名商标的合法权益应当受到法律保护。其次，南社布兰兹公司在其商品包装、经销合同、广告宣传中大量地使用“奔富（Penfolds）”“奔富/Penfolds”“Penfolds（奔富）”等标识，相关媒体、经销商、活动举办方等也在报道或商事活动中将“奔富”与“Penfolds”组合使用，英文“Penfolds”商标与中文“奔富”商标已形成对应关系，在国内葡萄酒消费群体中，“奔富”已经具有了区别商品来源的作用。再次，因案外人的抢注行为，导致南社布兰兹公司使用的“奔富”商标长期未能核准注册。而对于被诉侵权行为是否成立的判断需要以“奔富”是否属于未注册驰名商标作为事实依据。因此，根据当事人的请求和本案的具体情况，有必要认定“奔富”是否属于未注册驰名商标。最后，根据《中华人民共和国商标法》（以下简称《商标法》）第十四条的规定，结合相关公众对“奔富”商标的知晓程度、“奔富”商标使用的持续时间、“奔富”葡萄酒的销售数量、南社布兰兹公司相关宣传所持续的时间、程度和地理范围以及“奔富”商标受保护记录等多方面因素，应当认定“奔富”为未注册驰名商标。

二、两被告的行为构成商标侵权。本案中，从主观恶意来看，华夏庄园公司违反了诚实信用的基本原则，申请注册了多件与南社布兰兹公司具有较强显著性商标相同或近似的商标，且其未对此作出合理解释，可以确认华夏庄园公司具有明显攀附他人品牌商誉的主观故意。从客观行为来看，华夏庄园公司、杭州正声公司在其生产、销售的葡萄酒商品及相关宣传材料上使用的“奔富”标识与未注册驰名商标“奔富”构成相同，使用的“Penfunils”标识与南社布兰兹公司享有的“Penfolds”注册商标构成近似，属于商标侵权行为。

三、两被告应承担停止侵权并赔偿经济损失的法律责任。未注册驰名商标属于商标权人的合法民事权利，侵害未注册驰名商标造成权利人损害的，应当依法承担赔偿责任。本案中，华夏庄园公司生产、销售的，杭州正声公司销售的被诉侵权商品侵害了南社布兰兹公司享有的“Penfolds”注册商标专用权和“奔富”未注册驰名商标的权利，依法应当承担停止侵权、赔偿损失的民事法律责任。

综上，法院判决两被告立即停止侵害原告享有的“PENFOLDS”“Penfolds”注册商标专用权及“奔富”未注册驰名商标权的行为，华夏庄园公司赔偿原告经济损失及维权合理费用100万元，杭州正声公司对其中的20万元承担连带赔偿责任。

【典型意义】

本案涉及未注册驰名商标保护，也是我省首例保护未注册驰名商标的案件，对类案处理具有参考价值，入选中国外商投资企业协会优质品牌保护委员会“2019－2020年度知识产权保护十佳案例”和“南京法院2020年度十大典型案件”。本案判决及时有效制止了抢注并使用他人未注册驰名商标的行为，并在一定程度上影响了商标行政授权程序。判决生效后半年内，原告商标顺利注册，为今后维权打下良好基础。同时，本案在认定侵权成立的基础上，考虑侵权商品涉及民生食品领域，被告系侵权商品的生产源头，加大侵权赔偿力度，体现最严格知识产权司法保护理念以及制止抢注、维护诚信的价值导向，提高权利人的获得感，取得较好的法律效果和社会效果。

案例6:精细化裁判确定赔偿基数并依法妥当适用惩罚性赔偿——新百伦贸易(中国)有限公司与深圳市新平衡运动体育用品有限公司、莆田市荔城区搏斯达克贸易有限公司、郑朝忠、王敬印侵害商标权及不正当竞争纠纷案

【案件信息】

案号:苏州中院(2016)苏05民初537号、江苏高院(2017)苏民终2190号

原告:新百伦贸易(中国)有限公司

被告:深圳市新平衡运动体育用品有限公司、郑某忠、莆田市荔城区搏斯达克贸易有限公司、王某印

【裁判要旨】

权利人就其主张的赔偿额提供具体计算方式及酌定参考因素,并详细说明计算方式的合法、合理依据,如果侵权人仅作简单否认而并未提供相反证据有力反驳,可以根据诉辩意见及现有证据支持权利人的合理诉求。故意侵害商标权,情节严重的,可以适用惩罚性赔偿。

【基本案情】

美国新平衡体育运动公司(以下简称新平衡公司)于1970年在美国注册成立,是世界著名的运动制品生产商之一。经过多年努力,新平衡公司New Balance运动鞋已在世界范围内具有极高知名度。New Balance运动鞋最重要的装潢设计是鞋两侧使用英文字母“N”,新平衡公司亦系涉案“”“NEW BALANCE”商标的权利人。新平衡公司授权新百伦中国公司在中国境内非独占地使用“”“NEW BALANCE”商标、商品名称和标志,并对任何侵犯新平衡公司被许可标识享有权利的行为单独或与其共同提起诉讼。

2014年,郑某忠在美国成立“USA New Bai Lun Sporting Goods Group Inc”公司(中文翻译为“美国新百伦体育用品集团有限公司”)。该公司授权深圳新平衡公司(系郑某忠个人独资公司)大量生产带有“”标识的运动鞋,并通过深圳新平衡公司官网、微博、微信、淘宝以及遍布全国各地的数百家专卖店等渠道推广、销售。晋江市青阳新钮佰伦鞋厂(以下简称新钮佰伦鞋厂)是郑某忠经营的个体工商户,其在阿里巴巴旺铺推广和销售被控侵权运动鞋,对外宣称其为被控侵权运动鞋的生产厂家,并将其阿里巴巴旺铺链接到深圳新平衡公司官网。搏斯达克公司是郑某忠实际控制并经营的鞋产品制造商,负责被控侵权运动鞋的研发和生产。

被控侵权运动鞋不仅使用了与新平衡公司“”注册商标极其近似的“”商标,且擅自使用了New Balance运动鞋中最具识别性的鞋两侧使用“N”字母这一装潢;深圳新平衡公司在其官网登载有大量关于New Balance运动鞋的文章,并将文章中的“New Balance”文字链接到推广被控侵权商品的深圳新平衡公司官网;深圳新平衡公司、新钮佰伦鞋厂

及其分销商还冒用 New Balance 运动鞋的荣誉，实施虚假宣传行为等。

新百伦中国公司遂诉之法院，请求判令深圳新平衡公司、郑某忠、搏斯达克公司等停止侵权、消除影响、赔偿经济损失1000余万元等。

【法院认为】

一、深圳新平衡公司、新钮佰伦鞋厂、搏斯达克公司、吴江区松陵镇新平衡鞋店（以下简称吴江新平衡鞋店，后因一审审理中注销而变更为其经营者王某印）作为从事运动鞋生产销售的企业，应当关注同行业竞争者使用的注册商标并加以避让，以防止侵害他人的注册商标专用权，但其却在实际使用时，将注册商标“N15”严重变形为“”。该被控侵权标识与涉案注册商标“”的整体形象及读音高度近似，容易导致消费者产生混淆与误认。深圳新平衡公司在官网上发布多篇涉及 New Balance 的文章，点击宣传文章中的“New Balance”文字直接链接到推广被控侵权商品的深圳新平衡公司官网，其将“NEW BALANCE”商标用于被控侵权商品的广告宣传，极易导致相关公众对商品来源产生混淆和误认，亦构成商标侵权。

二、“New Balance”运动鞋系知名商品。尽管“N”本身是一个普通的英文字母，并非新平衡公司所独创，但是新平衡公司系在先将其作为运动鞋两侧的装潢加以使用，字母“N”始终以醒目的方式长期固定使用在“New Balance”运动鞋的两侧，新平衡公司、新百伦中国公司也主要通过突出展示该字母进行商品宣传。在长期的宣传和反复使用中，大写、粗体的“N”字母标识已经成为“New Balance”运动鞋装潢中最突出、最具识别性的部分，“N”字母装潢已经与“New Balance”运动鞋形成紧密稳定的对应关系，使本不具有天然区别性的字母“N”因持续使用在运动鞋的固定位置上而产生了具有识别特定商品来源的区别性，足以使相关公众将该特有装潢与运动鞋相联系。因此，在涉案“New Balance”运动鞋已具有较高知名度的情况下，其两侧使用的大写、粗体“N”字母装潢已经具有了识别性和显著性，能够起到区别商品来源的作用，构成知名商品特有装潢。深圳新平衡公司、新钮佰伦鞋厂、搏斯达克公司作为同业竞争者，明知 New Balance 运动鞋的知名度及其鞋两侧使用“N”字母标识装潢的显著性，仍擅自使用与该特有装潢近似的“”或“”标识，主观上具有“搭便车”的恶意，客观上大量抢占了 New Balance 运动鞋的市场份额，违反了经营者在市场交易中应遵守的诚实信用原则，构成不正当竞争。吴江新平衡鞋店作为同业经营者销售擅自使用 New Balance 运动鞋特有装潢的运动鞋，亦构成对 New Balance 运动鞋特有装潢权益的侵害；深圳新平衡公司、新钮佰伦鞋厂同为制鞋行业，理应知晓新平衡公司的 New Balance 运动鞋获得包括“世界第一慢跑鞋”“总统慢跑鞋”“慢跑鞋之王”等荣誉，却刻意将这些荣誉用于被控侵权商品的宣传和推广，属于引人误解的虚假宣传行为，构成不正当竞争。

三、关于本案民事责任的确定。深圳新平衡公司、新钮佰伦鞋厂、搏斯达克公司、郑某忠主观上具有共同的侵权故意，客观上分工合作、紧密配合共同实施了被控侵权行为，构成共同侵权，依法应当承担连带责任。关于赔偿数额的确定：

首先，《最高人民法院关于审理商标民事纠纷案件适用法律若干问题的解释》第十五条规定，因被侵权所受到的损失，可以根据权利人因侵权所造成商品销售减少量或者侵权商品销售量与该注册商标商品的单位利润乘积计算。关于侵权商品的销售量。结合深圳新平衡公司的公开宣传或录音公证、购买公证、行政处罚查明的事实、网络销售店铺数量、微博、微信平台发布图文报道的门店数量、覆盖范围、深圳新平衡公司仓库现场公证显示的仓储量等证据，确定被控侵权商品的销售数量至少为100 万双。关于注册商标商品的单位利润。新百伦中国公司提供了其与同行业的安踏公司、特步公司、匹克公司的利润率，法院比较了新百伦中国公司与同行业三家上市公司的利润率，认为新百伦中国公司的利润率符合行业的通常水平，并在考虑运动鞋对新百伦中国公司整体利润率的贡献最大、运动鞋服行业内鞋类商品利润率与公司整体利润率相差不大的情形下，以新百伦中国公司整体利润率作为确定“New Balance”运动鞋利润率的参考具有事实与法律依据。综上，新百伦中国公司因被侵权所受到的损失为侵权商品销售量×“New Balance”运动鞋单价 × 利润率。按照“New Balance”运动鞋在网上的最低售价 269 元计算，无论是计算净利润率还是营业利润率，计算结果均远超 1000 万元。

其次，《最高人民法院关于审理商标民事纠纷案件适用法律若干问题的解释》第十四条规定，侵权所获得的利益，可以根据侵权商品销售量与该商品单位利润乘积计算；该商品单位利润无法查明的，按照注册商标商品的单位利润计算。本案中，考虑郑某忠陈述每双鞋获利十几元，按此计算销售被控侵权商品的获利超过 1000 万元，而按照新百伦中国公司在仓库公证购买到单价最高的被控侵权商品 148 元、平阳县市场监督管理局查明深圳新平衡公司销售给平阳店被控侵权商品均价为 375 元，两者价格相减，被控侵权人就侵权商品的单位利润超 200 元，远高于郑某忠自认的每双获利十几元；潘某红陈述所有实体店采用省代和市代加盟的方式，省代加盟费为 50 万元，市代加盟费为 10 万元；深圳新平衡公司系以侵权为业，且多以私人账户结算，企业税收、广告支出、管理费用等各方面的经营成本均远低于上市公司，而商品的零售价却与“New Balance”运动鞋相差不大，故其利润率应远高于行业平均利润率和新百伦中国公司的利润率等因素，据此计算侵权人的销售获利也远超1000万元亦具有充分的事实与法律依据。

再次，如果有证据证明侵权人故意侵害商标权，可以根据侵权人主观恶意程度或侵权情节，适用惩罚性赔偿。在一审法院受理本案之前，部分店铺因销售被控侵权商品构成商标侵权和不正当竞争已数次被工商行政部门予以行政处罚，特别是在一审法院下达禁令后，深圳新平衡公司、新钮佰伦鞋厂、搏斯达克公司、郑某忠拒不履行已发生法律效力的裁定，继续实施为禁令所禁止的行为，上述侵权行为规模巨大，侵权情节严重，侵权人主观恶意明显，对新平衡公司、新百伦中国公司商誉的损害极大，应当适用惩罚性赔偿，以体现严厉打击严重恶意侵权行为、显著提高侵权成本、最严格保护知识产权的价值导向。

最后，关于本案的合理费用支出。公证费、翻译费、购买侵权物品费用属于调查取证必然支出的费用，应予全额支持，差旅费在合理范围内予以支持，对于律师费的支出，法院在参考司法行政部门规定的律师费收费标准、实际判赔额与请求赔偿额、案件的复杂程度、律师在案件中付出的智力劳动等因素予以全额支持。

综上，法院判决：深圳新平衡公司、郑某忠、搏斯达克公司、王某印立即停止商标侵权行为；深圳新平衡公司、郑某忠、搏斯达克公司、王某印立即停止擅自使用、销售知名商品特有装潢的不正当竞争行为；深圳新平衡公司、郑某忠立即停止虚假宣传的不正当竞争行为；深圳新平衡公司、郑某忠、搏斯达克公司共同赔偿新百伦中国公司经济损失及为制止侵权行为的合理支出共计人民币1000万元；王某印赔偿新百伦中国公司经济损失及为制止侵权行为的合理支出共计人民币15万元，深圳新平衡公司、郑某忠、搏斯达克公司对王某印的上述赔偿义务承担连带清偿责任。

【典型意义】

本案系2018年中国法院知识产权10大案件之一“新百伦诉中行为保全司法制裁案”的后续实体处理案件。本案精细化裁判确定赔偿额，并依法妥当适用惩罚性赔偿，效果较好，对类案审理具有一定参考意义。

在精细化裁判方面，法院全面分析了权利人因侵权而遭受的损失：一是根据深圳新平衡公司公开的宣传资料，如微博、微信平台发布图文报道的门店数量、覆盖范围等，结合相关公证证据以及行政处罚查明的事实等证据，确定被控侵权商品的销售数量。二是运用市场分析，新百伦中国公司与同行业上市公司利润率比较，涉案商品贡献率的认定等方法，并考虑侵权为业的因素，确定新百伦中国公司的利润率，并据此计算出因侵权所遭受的损失额。

在惩罚性赔偿的适用方面，法院考虑被告部分店铺因销售被控侵权商品多次被行政部门行政处罚，特别是对一审法院下达的禁令拒不履行，继续实施禁令禁止的行为，侵权行为规模巨大，侵权情节严重，侵权人以侵权为业，主观故意明显，对新平衡公司、新百伦中国公司商誉损害极大等因素，全额支持了新百伦中国公司经济损失及维权合理开支人民币1000余万元的诉讼请求，包括全额弥补权利人80万元的合理开支，体现了严厉打击严重故意侵权行为、显著提高侵权成本、最严格保护知识产权的价值导向。

案例7：伪造权利证明文件及国家公文欺骗平台审查的侵权认定——上海邀玩网络技术有限公司、上海要玩网络技术有限公司与被告菏泽秋生网络科技有限公司、张某侵害商标权及不正当竞争纠纷案

【案件信息】

案号：南京中院（2019）苏01民初2672号

原告：上海邀玩网络技术有限公司、上海要玩网络技术有限公司

被告：菏泽秋生网络科技有限公司、张某

【裁判要旨】

通过伪造游戏著作权登记证书、授权书、国家新闻出版广电总局《网络游戏出版物号（ISBN）核发单》，盗用他人企业名称等手段，欺骗平台通过审核后发布并运营名称与他人注册商标近似的侵权游戏的行为，侵害了他人注册商标专用权并构成不正当竞争。法院判决适用惩罚性赔偿后，将侵权人涉嫌违法犯罪的案件线索移送公安机关，并向软件平台运营者发送司法建议。

【基本案情】

原告上海邀玩网络技术有限公司（以下简称上海邀玩公司）、上海要玩网络技术有限公司（以下简称上海要玩公司）系网络游戏《全民大富豪》著作权排他许可人及第17638285号“”注册商标权的排他许可人。2010年至2019年，原告及其关联公司已推出4款冠以“大富豪”命名的游戏，获得较大成功。其中，原告的《全民大富豪》游戏为一款通过手机移动端操作的模拟商业经营游戏，曾于2018年12月在微信小程序预发行、2019年9月下架。在此期间，原告及其关联公司一直在对游戏进行测试、修复、更新。

2019年6月，被告张某独资成立的菏泽秋生网络科技有限公司（以下简称菏泽秋生公司）伪造了《关于菏泽秋生网络科技有限公司游戏版权的声明》、上海邀玩公司给上海要娱网络技术有限公司以及上海要娱网络技术有限公司给菏泽秋生公司的游戏版权授权书、国家新闻出版广电总局《网络游戏出版物号（ISBN）核发单》、涉案游戏的《计算机软件著作权登记证书》，盗用原告的企业名称和《全民大富豪》游戏版权信息，并向华为软件技术有限公司（以下简称华为软件公司）提交通

过平台审核后发布侵权游戏，误导用户以为是原告出版运营的涉案游戏，向用户收取充值费用。同时，被告的侵权游戏上架后，通过采取“热更新”及“切支付”方式，将“全民大富豪”的斗地主游戏更换为“大唐娱乐”的赌博软件，欺骗、误导消费者。根据华为软件公司后台统计信息显示，被诉软件的总下载量为1286482次，注册人数14358，时间段内总充值3997.1元；2019年9月6日下架后依然存在一定下载及注册量。对此，原告起诉要求被告菏泽秋生公司、张某：(1)立即停止对原告的商标侵权及不正当竞争行为；(2)在华为应用市场软件打开页面及主页面滚屏刊登需经法院审核的消除影响声明，时间不少于15日；(3)共同向原告赔偿经济损失及合理费用300万元；(4)承担本案诉讼费。

【法院认为】

首先，被告菏泽秋生公司未经权利人许可假冒原告品牌的游戏商品，侵犯了原告享有的注册商标专用权。两原告经过授权，获得了第17638285号注册商标的排他许可使用权，有权针对侵权行为提起诉讼。任何人未经商标权利人许可，在同一种商品上使用与其注册商标近似的商标，容易导致混淆的，属于侵犯注册商标专用权的行为。本案中，其一，被诉侵权游戏与原告涉案注册商标核定使用的商品为同种商品，均为计算机游戏软件。其二，原告第17638285号注册商标的主体及显著性部分均为“大富豪”，也是相关公众对标识的呼叫部分，被诉侵权游戏使用的“全民大富豪”标识与原告商标的主要识别部分近似，两者构成商标近似。其三，原告涉案游戏名称亦为《全民大富豪》，被告以此名称作为其软件商品的名称，具有恶意攀附原告游戏商品商标知名度的主观故意，客观上会造成相关公众对商品或服务的来源产生误认。因此，被告未经权利人许可假冒原告品牌的游戏商品，侵犯了原告享有的注册商标专用权。

其次，被告菏泽秋生公司构成对两原告的不正当竞争行为。被告伪造相关文件，盗用原告的企业名称和《全民大富豪》的游戏版权信息，并向华为软件公司提交通过平台审核，误导用户以为是原告出版运营的涉案游戏，向用户收取充值费用。上述行为违反了《中华人民共和国反不正当竞争法》第二条、第六条第(四)项的规定。同时，被告的侵权游戏上架后，通过采取“热更新”及“切支付”方式，将《全民大富豪》的斗地主游戏更换为《大唐娱乐》的赌博软件，欺骗、误导消费者，损害原告的商品声誉、企业信誉，违反了《中华人民共和国反不正当竞争法》第八条、第十一条的规定，构成对原告的不正当竞争行为。因华为应用平台已经对被诉《全民大富豪》游戏下架，且游戏更新后的内容已不再是原《全民大富豪》游戏，要求被告停止商标侵权的行为已无必要；但因侵权软件下架后依然存在下载及注册量，故法院对原告主张被告停止不正当竞争、消除影响的诉讼请求,予以支持。

最后,关于损害赔偿的数额。法院准许原告请求适用法定赔偿的同时对被告适用惩罚性赔偿的要求,综合考量以下因素依法全额支持原告300万元的赔偿请求:(1)被告侵权主观恶性极大。被告以伪造原告公章、国家公文、授权书、作出虚假声明等诸多违法行为实施侵权获利。(2)被诉侵权游戏下载量极大。软件总下载量达百万,注册人数上万,即便下架后依然存在下载及注册。(3)被告侵权行为极其恶劣。被诉侵权游戏会更新为“大唐娱乐”赌博软件,并通过更换支付方式、支付渠道的形式获取不当利益。(4)原告《大富豪3》游戏在华为应用平台的下载安装量、应用平台内的付费数据,可以作为本案损害赔偿的参考因素。(5)被告同时存在商标侵权和不正当竞争行为,侵权行为时间长达半年以上。(6)被告的侵权行为误使相关公众将赌博软件与原告关联,损害原告商誉。(7)原告为维权实际支付了财产保全责任保险费的合理费用。

因被告提交平台的上架审核资料中版权授权书的公章与原告起诉状公章存在差别,《网络游戏出版物号(ISBN)核发单》与原告真正核发单中的来文单位、文、名称、落款时间不同,《计算机软件著作权登记证书》与原告真正登记证书的证书编号、左下角编号不同。本案在依法判决后,法院将被告菏泽秋生公司、张某涉嫌犯伪造、变造国家机关公文罪、开设赌场罪等犯罪线索依法移送公安机关。同时,向软件平台运营者发送司法建议,建议其依法规范手机游戏软件的上架流程,严格审核手机游戏软件的上架材料。

【典型意义】

按照法律规定,网络收费游戏软件必须先取得游戏计算机软件著作权登记证书后,再向国家广电总局申请游戏出版发行,获得批号、版号,最后到文化部备案,方可出版发行。同时,在游戏首页界面或登录页面必须标注著作权人、出版单位、审批文号、出版物号、软件著作权登记号、游戏备案号六方面信息,以证明游戏为合法出版物。游戏若需通过渠道平台上线推广运营,必须将上述信息文件上传至平台方审核通过,并接入平台软件的支付和用户登录入口,方可向用户收费。本案的侵权行为特殊,被告通过伪造上述诸多信息和文件,欺骗平台通过审核,并使用原告企业名称及注册商标文字、知名度较高的游戏名称等手段实施商标侵权及不正当竞争,不仅侵害了原告权益,欺骗和误导消费者,而且公然挑战法律,严重违背商业道德和诚信原则,破坏互联网环境下的竞争秩序和社会诚信体系,是典型的故意侵权、情节严重行为。为净化互联网收费游戏的市场竞争秩序,严厉打击侵权行为,充分维护版权人的合法利益,法院依法适用惩罚性赔偿,全额支持了原告的赔偿请求。同时,裁判以后,将相关犯罪线索移送公安机关,并向软件平台运营者发送司法建议,维护网络环境下的公平竞争秩序,促进互联网产业健康发展。本案裁判及相关司法措施取得较好的社会效果。

案例8:网络"刷量"不正当竞争行为的认定——北京爱奇艺科技有限公司与随州市飞流网络科技有限公司、上海七牛信息技术有限公司不正当竞争纠纷案

【案件信息】

案号:常州中院(2018)苏04民初51号、江苏高院(2019)苏民终778号

原告:北京爱奇艺科技有限公司

被告:随州市飞流网络科技有限公司、上海七牛信息技术有限公司

【裁判要旨】

1. 利用技术手段对他人运营的网络视听作品虚拟访问点击,"刷量"虚增流量并以此获取不当利益,污染了运营方网络访问数据,妨碍运营方商业数据信息采集,误导他人基于网络产品或服务进行商业判断,可以认定该行为构成不正当竞争。

2. 判断云计算服务商是否明知或应知其行为侵害他人合法权益,应当考虑其不能随意访问、控制、调取用户具体信息数据等内容,且负有较高保密义务的情形,合理界定其注意义务和管理义务。同时,结合云计算服务商的服务性质、技术条件、个案情形等因素,对云计算服务商是否收到权利人的合格通知,以及是否采取必要措施进行查明和认定,进而确定其法律责任。

【基本案情】

北京爱奇艺科技有限公司(以下简称爱奇艺公司)通过主办"爱奇艺网站(www.iqiyi.com)"开展视频播放、广告发布等经营活动,其中一种经营模式为通过与相关著作权人签订《视频合作协议》以获得视频的信息网络传播权等授权,再由爱奇艺公司按一定数额的单价与有效点播量向著作权人支付许可使用费。爱奇艺公司认为飞流网络科技有限公司(以下简称飞流公司)、上海七牛信息技术有限公司(以下简称七牛公司)对其网站视频存在刷量行为,遂向法院起诉,请求判令两公司立即停止针对爱奇艺网站(www.iqiyi.com)视频内容的"刷量"行为;连带赔偿其经济损失280万元;在《法制日报》刊登声明,消除影响。

飞流公司经营范围包括"计算机软件开发、信息技术咨询服务、信息处理和存储支持服务"等。飞流公司运营飞流网(www.feiliuw.com)。该网站首页上部广告语为"使用飞流网,流量飞速涨"等内容。此外,飞流公司开发"柠檬挂机"计算机软件,该软件基本介绍信息显示"每天开机即可赚钱!最简单的网赚模式,绿色安全软件,不影响电脑使用!收益稳定,1元即可提现!"。爱奇艺公司经公证发现,飞流公司对爱奇艺网站投放的视频实施了虚增流量的"刷量"行为。经其统计,飞流公司在2017年9月至11月,通过其柠檬挂机软件对爱奇艺网站的80001部/

集视频共计实施了 278275797 次访问；飞流公司在 2017 年 8 月 29 日至 31 日，通过其柠檬挂机软件对爱奇艺网站的《血色苍穹（第 1 季）》实施了 41590299 次访问，在 2017年 8 月 31 日对《纳米核心（第 3 季）》实施了 3677760 次访问。以上共计 323543856 次访问。

七牛公司成立于 2011 年 8 月 3 日，注册资本 1000 万元，经营范围包括"信息技术及计算机科技领域内的技术开发、技术转让、技术咨询、技术服务，计算机网络工程"等。七牛公司主办运营七牛云网站"www. clouddn. com"以及"www. qiniu. com"。"7xrqwu. coml. z0. glb. clouddn. com; oowok3vd9. bkt. clouddn. com;7xrqws. coml. z0. glb. clouddn. com; 7xt8e6. coml. z0. glb. clouddn. com"为爱奇艺公司诉称的四个子域名，已查明的 2017 年 8 月 29 日至 31 日爱奇艺网两部影视剧被刷量的 4500 余万次均系通过前述四个子域名跳转访问。七牛公司后台管理系统显示，该四个子域名的注册用户 ID 为 1380281813，该注册用户的七牛云账户下登记有飞流网的域名 www. feiliuw. com。应爱奇艺公司要求，七牛公司对四个子域名予以冻结。此后，爱奇艺公司法务部门以电子邮件方式正式提出要求七牛公司提供前述四个域名的相关信息以便于爱奇艺公司打击侵权行为，七牛公司法务部门电子邮件回复称，已对相关域名进行查看并冻结，该用户仅对测试域名的请求设置了跳转，相应流量并未发生在七牛平台上，无法判断是否实施了"不正当盗刷视频点播量"的行为，无权提供该用户的相关信息，如爱奇艺公司通过法院起诉等方式处理，七牛公司将在法律允许的范围内予以配合。

【法院认为】

飞流公司作为独立行为主体参与市场活动，收取费用为他人实施点播等网络访问行为。爱奇艺公司根据其网站视频访问数据确定版权费投入、广告投放等经营策略。飞流公司制造的流量亦是关系爱奇艺公司正常经营的利益指标，故双方之间在市场竞争利益层面存在交叉重合，涉案"刷量"行为应根据《中华人民共和国反不正当竞争法》判断。根据《中华人民共和国反不正当竞争法》第十二条的规定，利用网络领域的专业技术手段，妨碍其他经营者合法提供的网络产品或服务正常运行的行为，属于不正当竞争行为。爱奇艺公司的视频访问数据具有可观商业价值，具有保护必要性和正当性。飞流公司利用技术手段对爱奇艺公司网站视频"刷量"，反复、机械制造视频点播量，但并不反映正常观看视频的实际需求，纯粹追求点击数值上升，其实质是以数据造假获取经济利益，虚增视频受青睐度，使部分案外人因视频热播攫取额外不当利益，明显违反诚实信用原则，且妨碍爱奇艺公司运营数据采集，误导爱奇艺公司经营判断，甚至导致爱奇艺公司支出本无须支付的版权费，有悖公认的商业道德，应当认定为"其他妨碍、破坏其他经营者合法提供的网络产品或服务正常运行的行为”,构成不正当竞争并应承担民事责任。

关于提供 IaaS 服务的云计算服务商的法律责任问题。首先,云计算服务商一般分为 IaaS(基础设施即服务)、PaaS(平台即服务)、SaaS(软件即服务)三个层级。本案七牛公司提供 IaaS 服务,向用户提供虚拟计算机、存储、网络等计算资源,提供访问云计算基础设施的服务接口。提供 IaaS 服务的云计算服务商对用户利用云基础设施开设的网站和网络应用中存储的具体信息无法直接控制,其仅有技术能力对服务器整体关停或空间释放(强行删除服务器内全部数据)。同时,《信息安全技术云计算服务安全指南》第 7.3.2 条规定,云服务商未经客户授权,不得访问、修改、披露、利用、转让、销毁客户数据,并应采取有效管理和技术措施确保客户数据和业务系统的保密性、完整性和可用性。故提供 IaaS 服务的云计算服务商不同于《信息网络传播权保护条例》第十四条、第十五条规定的提供信息存储空间或者提供搜索、链接服务的网络服务提供者,也不同于《信息网络传播权保护条例》第二十条规定的提供自动接入、自动传输服务的网络服务提供者。在涉及其用户侵害他人合法权益的情形下,确定该类云计算服务商法律责任和义务应当适用《中华人民共和国侵权责任法》(以下简称《侵权责任法》)相关规定。其次,《侵权责任法》第三十六条第二款规定,网络用户利用网络服务实施侵权行为的,被侵权人有权通知网络服务提供者采取删除、屏蔽、断开链接等必要措施。网络服务提供者接到通知后未及时采取必要措施的,对损害的扩大部分与该网络用户承担连带责任。由上述法条可知,《侵权责任法》对网络服务提供者应采取的措施并未明确限定在“删除、屏蔽、断开链接”,也包括其他一切合理的可以断开侵权服务、减少侵权损失的必要措施。《侵权责任法》第三十六条第三款规定,网络服务提供者知道网络用户利用其网络服务侵害他人民事权益,未采取必要措施的,与该网络用户承担连带责任。由于提供 IaaS 服务的云计算服务商不能随意访问、控制、调取服务器中涉及用户具体数据等内容且负有较高保密义务,故在确定其注意义务和管理义务时不能过于严苛,同时也不能仅因其系提供基础网络服务的云服务商即免除其相应注意义务。

一般情形下,对不能查看服务器中存储及传输内容的 IaaS 云计算服务商而言,转通知是较为可行且合理的一个必要措施。考虑实践中涉及是否侵权的主体识别、行为识别以及侵权判断等因素,云计算服务商处理权利人侵权投诉通知,亦非所有情形一概限于采取“转通知”一种措施。在接到权利人发出的权利内容明确、侵权指向清晰的通知时,应结合具体情况及直接侵权行为具体情节、客观技术条件来判断网络服务提供者是否有必要措施可以采取以及有无及时采取该措施,如此既符合《侵权责任法》立法本意,也考虑了互联网技术高速发展可能导致的情景变更。进一步来说,包括本案七牛公司在内的云计算服务商应当承担的义务,是"转通知 + 采取必要措施",一审判决表述的"通知删除"中的"删除",亦应包括"删除"以及"屏蔽、断开链接"等所有必要措施。

综上,对于提供 IaaS 服务的云计算服务商而言,一方面,确定其注意义务时不能过于严苛,不能采用与提供信息存储空间或者提供搜索、链接服务的网络服务提供者相同的标准;另一方面,应结合云计算服务商的服务性质、个案情形及客观技术条件等因素,对权利人是否发出合格通知及云计算服务商收到通知后是否采取必要措施进行查明认定,并确定其法律责任。本案中爱奇艺公司未提交证据证明七牛公司存在明知或应知情形。爱奇艺公司的通知中的侵权信息要素不够清晰、不够完整,难以归入合格通知范畴。且七牛公司在爱奇艺公司发送通知邮件之前,鉴于双方技术人员之间存在沟通,已将涉案域名予以冻结处理,故七牛公司并不存在过错,不应承担侵权连带责任。

【典型意义】

互联网经济背景下,伴随新产业、新业态、新技术蓬勃兴起,出现了"刷量"等黑灰产,即利用技术手段破坏网络生态等问题。该案裁判明确认定"刷量"行为实质是数据造假,有悖诚信原则和商业道德的不正当竞争,对于惩罚和遏制"刷量"等黑灰产,净化网络商业环境和信息生态具有积极意义。同时,法院在规制经营行为和规范竞争秩序的同时,正确把握法律意旨,精准界定云计算应用和运营主体的法律责任,既厘清涉案技术应用市场行为正当性和非正当性的边界,也彰显尊重技术发展、推动技术应用、促进技术创新的鲜明态度。

案例 9:"幽灵机"盗录传播院线电影案——马某予、马某松、文某杰、鲁某犯侵犯著作权罪案

【案件信息】

案号:扬州中院(2020)苏 10 刑初 11 号

公诉机关:江苏省扬州市人民检察院

被告人:马某予、马某松、文某杰、鲁某

【裁判要旨】

以营利为目的,通过"克隆"服务器、勾结影院工作人员非法获取电影母盘和密钥、利用高清设备翻拍,制作水印并加密等高新技术手段复制盗版影片,组织人员销售盗版影片,成员固定且分工明确,依法应当认定为犯罪集团,其行为构成侵犯著作权罪。

【基本案情】

2016 年 6 月至 2019 年 2 月,被告人马某予、马某松以营利为目的,向霍某雷(另案处理)购买品牌为 GDC 的服务器、品牌为 NEC2000 的放映机等翻录影片的设备,学习翻录影片的方法。后二人通过刘某(另案处理)盗取授权影院的服务器信息,

"克隆"至购买的服务器中。通过王某飞、王某森、杜某(均另案处理)从"鞍山金逸影城""鞍山佳兆业国际影城"等授权影院获取载有同档期电影数据的母盘。后被告人马某予、马某松招募刘某宽、任某静、李某盼、李某、卢某(均另案处理)等人在鞍山市某小区A号楼×单元×室、B号楼×单元×室组建第一、第二工作室,从事翻录电影、给盗版影片加密、制作水印等活动,并向发展的下线影吧销售,从中牟取利益。2016年6月至2019年2月,被告人马某予、马某松共复制发行盗版影片413部,非法经营数额共计人民币777.2536万元,被告人马某予违法所得404.4024万元,被告人马某松违法所得55.6万元。

2017年年初,被告人文某杰、鲁某与被告人马某予、马某松等人合作,长期复制发行盗版影片,逐步形成人数较多、重要成员基本固定的组织。被告人马某予负责复制、发行盗版影片整体事宜,被告人马某松负责复制盗版电影、技术设备维护、发展下线影吧等事宜,被告人文某杰、鲁某负责发展下线影吧。

2019年春节前,被告人马某予、马某松等人采用前述手段,复制、发行《流浪地球》《疯狂的外星人》《新喜剧之王》《飞驰人生》《廉政风云》《神探蒲松龄》《熊出没·原始时代》7部春节档盗版影片,销售给肖某平(另案处理)等下线影吧业主,导致上述影片在互联网上流传。

2017年年初至2018年8月,被告人文某杰与马某予、马某松等人合作,负责发展下线影吧,通过销售盗版影片牟利。2018年9月,被告人文某杰与马某予等人产生矛盾脱离该组织。后被告人文某杰向朱某(另案处理)购买品牌为"GDC"的服务器、品牌为"BARCO"及"NEC"的放映机等设备,指示朱某帮助将其中一台服务器进行"克隆"。在湖南省湘潭市某小区某室设立工作室,通过潘某(另案处理)从授权影院"新三和影城"借取并拷贝载有同档期影片数据的硬盘,伙同张某凡、吴某飞、范某轩(均另案处理)筹建、虚假经营"松涛影城",招募罗某毅(另案处理)进行技术维护,利用"松涛影城"获取授权服务器信息、播放密钥,翻录影片、给盗版影片加密、制作水印,并销售给发展的下线影吧,从中牟取利益。被告人文某杰与他人长期复制发行盗版影片,逐步形成人数较多、重要成员基本固定的组织。被告人文某杰负责盗版影片的翻拍和制作、发展下线影吧等事宜;张某凡、吴某飞、范某轩负责筹建"松涛影城"及发展下线;罗某毅负责远程安装技术软件以及设备维修等;潘某负责提供影片母盘。截至2019年2月,被告人文某杰未经著作权人许可,共计复制发行盗版影片124部。2017年1月至2019年2月,被告人文某杰参与马某予等人的组织及其本人制售盗版影片期间,非法经营数额共计186.9609万元,违法所得103.5322万元。

2019年春节前,被告人文某杰等人采

用前述手段，复制发行《流浪地球》《疯狂的外星人》《新喜剧之王》《飞驰人生》《廉政风云》《神探蒲松龄》《熊出没·原始时代》《小猪佩奇过大年》8 部春节档盗版影片，导致影片《小猪佩奇过大年》在互联网上流传。

2017 年年初至 2018 年 8 月，被告人鲁某加入马某予等人的组织，负责发展下线影吧，通过销售盗版影片牟利。2018 年 9 月，被告人鲁某脱离马某予等人的组织后，招募丁某、杨某华（均另案处理）等人，从被告人文某杰处获取盗版影片后给盗版影片加密、制作水印，销售给发展的下线影吧，从中牟取利益。截至 2019 年 2 月，被告人鲁某非法经营数额 814.985 万元，违法所得 536.0619 万元。

【法院认为】

被告人马某予、马某松、文某杰、鲁某以营利为目的，未经著作权人许可，复制并发行他人电影作品，违法所得数额巨大，且具有其他特别严重情节，其行为均已构成侵犯著作权罪。公诉机关指控的犯罪事实清楚，证据确实充分，指控罪名成立。

被告人马某予与马某松、文某杰、鲁某长期共同实施制售盗版影片的犯罪行为，成员固定且分工明确，依法应当认定为犯罪集团。被告人马某予系组织、领导犯罪集团的首要分子，应按照集团所犯的全部罪行处罚；被告人马某松、文某杰、鲁某在犯罪集团中起主要作用，系主犯，应当按照其参与的全部犯罪处罚。被告人文某杰伙同他人为共同实施犯罪而组成较为固定的犯罪组织，是犯罪集团，被告人文某杰系组织、领导犯罪集团的首要分子，应按照集团所犯的全部罪行处罚。被告人鲁某伙同他人共同故意犯罪，起主要作用，系主犯，应当按照其所参与的全部犯罪处罚。被告人马某予、马某松、文某杰、鲁某到案后均如实供述了自己的罪行，具有坦白情节，依法可以从轻处罚；悔罪态度较好，自愿认罪认罚，依法从宽处理。被告人文某杰的亲属代为退出部分赃款，酌情从轻处罚。四被告人的辩护人分别提出各被告人具有坦白、认罪认罚情节以及被告人文某杰的辩护人提出文某杰亲属代为退赃的辩护意见成立，依法予以采纳。为维护社会主义市场经济秩序，保护知识产权不受侵害，根据各被告人的犯罪事实、犯罪性质、情节以及对社会的危害程度，判处被告人马某予有期徒刑六年，并处罚金五百五十万元；判处被告人马某松有期徒刑四年，并处罚金六十万元；判处被告人文某杰有期徒刑四年，并处罚金一百二十万元；判处被告人鲁某有期徒刑五年，并处罚金五百五十万元。

【典型意义】

本案系影院内“幽灵机”盗录传播电影侵犯著作权罪的一起典型案例，是国家版权局、工业和信息化部、公安部和国家互联网信息办公室联合开展的“2020 年剑网行动”的成果，受到最高人民法院、最高人民检察院高度重视以及社会持续关注。

本案不同于一般盗版侵权行为，其特

殊性在于犯罪分子形成了组织严密、分工明确,实施链条式、专业性、产业化犯罪的犯罪集团。犯罪集团通过组织人员采用“克隆”服务器、勾结影院工作人员非法获取电影母盘和密钥、利用高清设备翻拍,制作水印并加密等高新技术手段复制盗版《流浪地球》《疯狂的外星人》等数百部电影,并组织人员销售盗版影片,在网络上大肆传播,社会各界反映强烈。人民法院依法履行知识产权刑事审判职责,切实贯彻落实“最严格知识产权司法保护”的理念、严厉打击侵权盗版违法犯罪行为,在依法审查了各被告人的犯罪事实、在共同犯罪中所起的作用及犯罪情节后,对四被告人分别判处四至六年有期徒刑,并处罚金共计1280万元。宣判后,四被告人均未提出上诉。案件的审理取得了良好的社会效果和法律效果。本案司法裁判彰显了最严格保护知识产权的鲜明态度和坚定决心,极大震慑了不法分子,对加强院线电影版权保护、促进影视产业健康发展具有重要意义。本案被评为江苏法院2020年度十大典型案例之一,本案裁判入选国家版权局“2020年中国版权十件大事”。

案例10:销售假冒注册商标的涉疫情商品的犯罪行为——镇江华业汽车用品有限公司、丹阳市丰溢塑料制品有限公司、蒋某华、赵某玲、彭某、张某芳、赵某东、胡某锋销售假冒注册商标案

【案件信息】

案号:镇江经济开发区人民法院(2020)苏1191刑初92号

公诉机关:镇江市经济开发区人民检察院

被告单位:镇江华业汽车用品有限公司、丹阳市丰溢塑料制品有限公司

被告人:蒋某华、赵某玲、彭某、张某芳、赵某东、胡某锋

【裁判要旨】

明知从他人处购买的是假冒3M面罩、口罩等防护用品,仍予以购进并以公司或个人名义通过线上或线下销售给他人,销售金额巨大或较大的,构成销售假冒注册商标的商品罪。

【基本案情】

被告单位镇江华业汽车用品有限公司(以下简称华业公司)于2013年8月27日成立。被告人蒋某华作为华业公司法定代表人,被告人赵某玲作为华业公司股东,二被告人共同经营华业公司。2015年至2020年,蒋某华、赵某玲明知从他人处购买的是假冒3M面罩、口罩等防护用品,仍予以购进并以华业公司的名义销售给丹阳市丰溢塑料制品有限公司,销售金额297839元人民币。

被告单位丹阳市丰溢塑料制品有限公司(以下简称丰溢公司)于2012年7月4日成立,被告人彭某作为丰溢公司的实际经营者,2015年至2020年,明知从蒋某华、赵某玲经营的华业公司购买的是假冒3M面罩、口罩等防护用品,仍予以购进并以丰溢公司的名义销售给江苏沃得农业机械股份有限公司、沃得重工(中国)有限公司、沃得

精机(中国)有限公司、沃得精密机床部件(江苏)有限公司、江苏沃得植保机械有限公司,销售金额569075.5元。

2020年2月19日,公安机关在彭某处查获3M9001、3200、6200口罩、面罩共计64只及3M防护服30套,经鉴定,除3M防护服为正品外,剩余均为假冒3M产品。

2015年至2020年2月,被告人蒋某华、赵某玲明知从他人处购买的是假冒3M面罩、口罩等防护用品,仍予以购进并对外销售,销售金额2975613.7元。具体为:

(一)2015年至2020年,被告人蒋某华、赵某玲通过华美劳保用品等网店销售1490674.11元。

(二)2015年至2020年,被告人蒋某华、赵某玲销售给赵某东1014410.3元。

(三)2015年至2020年,被告人蒋某华、赵某玲销售给张某芳402429.29元。

(四)2020年2月3日、5日,在新冠肺炎疫情期间,被告人蒋某华、赵某玲销售给胡某锋68100元。

2020年2月6日、7日,公安机关在镇江新区丁卯经四路26号华业公司仓库查获3M面罩、口罩、5N11CN等防护用品共计234832件,经鉴定,除3M5N11CN为正品外,剩余均为假冒3M产品,货值82188.97元。

2015年至2020年,被告人张某芳明知从蒋某华、赵某玲处购进的是假冒3M面罩、口罩等防护用品,仍予以购进并通过丁丁钣金辅料批发商行等网店销售,销售金额520389.42元。

2015年至2020年,被告人赵某东明知从蒋某华、赵某玲处购进的是假冒3M面罩、口罩等防护用品,仍予以购进并通过华徽汽车油漆辅料批发等网店销售,销售金额425220.86元。

2020年2月4日、7日,在新冠肺炎疫情期间,被告人胡某锋明知从蒋某华、赵某玲处购进的是假冒3M口罩,仍予以购进并销售给司马某,销售金额67500元。

2020年2月10日,公安机关在胡某锋处查获3M口罩1435只,经鉴定,均为假冒3M产品。

被告人蒋某华、赵某玲、胡某锋被抓获归案,被告人彭某、赵某东、张某芳自动投案,后均如实供述了上述事实。赵某玲退出赃款145万元;彭某退出赃款30万元;赵某东退出赃款50万元;张某芳退出赃款40万元;胡某锋退出赃款136850元。

【法院认为】

被告单位镇江华业汽车用品有限公司销售明知是假冒注册商标的商品,销售金额数额巨大,被告人蒋某华作为直接负责的主管人员、赵某玲作为直接责任人员,其行为构成销售假冒注册商标的商品罪。被告单位丹阳市丰溢塑料制品有限公司销售明知是假冒注册商标的商品,销售金额数额巨大,被告人彭某作为直接负责的主管人员,其行为构成销售假冒注册商标的商品罪。被告人蒋某华、赵某玲、张某芳、赵某东、胡某锋销售明知是假冒注册商标的商品，蒋某华、赵某玲、张某芳、赵某东销售金额数额巨大，胡某锋销售金额数额较大，应当以销售假冒注册商标的商品罪追究其刑事责任。公诉机关对各被告单位和被告人指控的罪名成立。

被告人蒋某华、赵某玲在共同犯罪中起主要作用，是主犯，应当按照其所参与的全部犯罪处罚。被告单位丹阳市丰溢塑料制品有限公司的实际经营人彭某代表公司在犯罪以后自动投案，如实供述自己的罪行，是自首，依法可以从轻处罚。被告人彭某、赵某东、张某芳犯罪以后自动投案，如实供述自己的罪行，是自首，依法可以减轻处罚。被告单位镇江华业汽车用品有限公司、被告人蒋某华、赵某玲、胡某锋如实供述自己的罪行，是坦白，依法可以从轻处罚。两被告单位及六被告人均自愿认罪认罚，依法可对其从宽处理。法院综合考量被告人赵某玲、彭某、张某芳、赵某东、胡某锋的犯罪性质、情节、悔罪表现，认为对其可适用缓刑。

综上，法院判决：（一）被告单位镇江华业汽车用品有限公司、被告人蒋某华、被告人赵某玲犯销售假冒注册商标的商品罪，判处被告单位镇江华业汽车用品有限公司罚金人民币十五万元。判处被告人蒋某华有期徒刑三年，并处罚金人民币十五万元；判处被告人赵某玲有期徒刑三年，缓刑三年，并处罚金人民币十五万元。（二）被告单位丹阳市丰溢塑料制品有限公司犯销售假冒注册商标的商品罪，判处罚金人民币二十九万元。（三）被告人彭某犯销售假冒注册商标的商品罪，判处有期徒刑二年四个月，缓刑三年，并处罚金人民币二十九万元。（四）被告人蒋某华犯销售假冒注册商标的商品罪，判处有期徒刑三年六个月，并处罚金人民币一百四十九万元，与单位犯罪中判处被告人蒋某华有期徒刑三年，并处罚金人民币十五万元数罪并罚，决定执行有期徒刑三年六个月，并处罚金人民币一百六十四万元。（五）被告人赵某玲犯销售假冒注册商标的商品罪，判处有期徒刑三年，缓刑三年六个月，并处罚金人民币一百四十九万元，与单位犯罪中判处被告人赵某玲有期徒刑三年，缓刑三年，并处罚金人民币十五万元数罪并罚，决定执行有期徒刑三年，缓刑三年六个月，并处罚金人民币一百六十四万元。（六）被告人张某芳犯销售假冒注册商标的商品罪，判处有期徒刑二年四个月，缓刑三年，并处罚金人民币二十七万元。（七）被告人赵某东犯销售假冒注册商标的商品罪，判处有期徒刑二年三个月，缓刑三年，并处罚金人民币二十二万元。（八）被告人胡某锋犯销售假冒注册商标的商品罪，判处有期徒刑九个月，缓刑一年六个月，并处罚金人民币五万元。（九）扣押于公安机关的口罩、面罩等侵权产品，依法予以没收。

【典型意义】

本案系涉疫情案件。法院结合各被告人的违法犯罪情节、性质及危害后果等因素，对多名被告人判处实刑，并认定构成单位犯罪，判处罚金，有力打击了售卖假冒注册商标的口罩、严重破坏正常防疫秩序和社会秩序的违法犯罪行为，保障了疫情防控、经济社会发展和人民群众健康生活的大局，取得较好的社会效果和法律效果。

供稿单位：省法院知识产权审判庭

程卫红诉赵春飞买卖微信账号合同纠纷案

(2021)参阅案例18号

【裁判摘要】

微信账号不仅绑定了自然人的姓名、身份证号、手机号、银行卡号等信息，还以微信头像、朋友圈、微信运动等形式记载了自然人的个人特征、社会关系、行踪信息等，这些信息能够单独或者与其他信息结合识别特定自然人，属于自然人的个人信息，受到法律保护。买卖微信账号行为的实质是买卖微信好友的个人信息，违反法律的强制性规定，应当认定为无效。

【相关法条】

1.《中华人民共和国民法典》第一百一十一条　自然人的个人信息受法律保护。任何组织或者个人需要获取他人个人信息的，应当依法取得并确保信息安全，不得非法收集、使用、加工、传输他人个人信息，不得非法买卖、提供或者公开他人个人信息。

第一百五十三条第一款　违反法律、行政法规的强制性规定的民事法律行为无效。但是，该强制性规定不导致该民事法律行为无效的除外。

第一千零三十四条　自然人的个人信息受法律保护。

个人信息是以电子或者其他方式记录的能够单独或者与其他信息结合识别特定自然人的各种信息，包括自然人的姓名、出生日期、身份证件号码、生物识别信息、住址、电话号码、电子邮箱、健康信息、行踪信息等。

…………

第一千零三十五条　处理个人信息的，应当遵循合法、正当、必要原则，不得过度处理，并符合下列条件：

(一)征得该自然人或者其监护人同意，但是法律、行政法规另有规定的除外；

…………

第一千零三十八条　信息处理者不得泄露或者篡改其收集、存储的个人信息;未经自然人同意,不得向他人非法提供其个人信息,但是经过加工无法识别特定个人且不能复原的除外。

2.《互联网用户账号名称管理规定》第五条　互联网信息服务提供者应当按照“后台实名、前台自愿”的原则,要求互联网信息服务使用者通过真实身份信息认证后注册账号。

互联网信息服务使用者注册账号时,应当与互联网信息服务提供者签订协议,承诺遵守法律法规、社会主义制度、国家利益、公民合法权益、公共秩序、社会道德风尚和信息真实性等七条底线。

【点评】

微信作为一款常用社交软件,设置有语音通话、转账付款等多种功能,是人们进行联络、交易的重要工具。但微信在为生活带来便利的同时,也成了部分犯罪分子实施诈骗、赌博、传销等违法犯罪活动的工具。买卖微信账号行为不仅容易滋生违法犯罪,也会导致犯罪溯源更加困难。因此,从维护网络安全、保护社会公共利益的角度出发,微信账号不宜进入市场自由流通。值得注意的是,由于注册微信账号需进行实名认证,通过微信账号也可识别至特定的自然人,所以微信账号属于个人信息范畴。据此,本案裁判认为,买卖微信账号行为实质是对该微信账号上好友信息的买卖,该行为会导致账号上所有好友的信息被第三人知晓,使好友的个人信息安全、财产安全被置于危险境地,不仅应当被认为无效,在涉嫌刑事犯罪时,还应该将相关线索移送公安机关处理。本案不仅为类似案件的处理提供了参考,也体现了人民法院推动个人信息保护法落地、为人民群众个人信息权益保护筑起坚强司法屏障的决心。

原告:程卫红,男,36 岁,汉族,住安徽省安庆市。

被告:赵春飞,男,32 岁,汉族,住江苏省江阴市。

第三人:深圳市腾讯计算机系统有限公司,住所地在广东省深圳市南山区粤海街道麻岭社区科技中一路腾讯大厦 35 层。

原告程卫红因与被告赵春飞、第三人深圳市腾讯计算机系统有限公司(以下简称腾讯计算机公司)合同纠纷一案,向江阴市人民法院提起诉讼。

原告程卫红诉称:原告与被告在 2019 年 9 月 22 日签订《转让协议》,就原告将其所有的微信号的使用权、所有权转让给被告,被告受让并支付相应的费用,共计 50 万元。双方约定:(1)协议当日付款 30 万元,2020 年 3 月 22 日支付 10 万元,2020 年 9 月 22 日支付 10 万元;(2)自 2019 年

9月22日起被告按未支付款项的年利率6%支付利息。协议签订当日,原告按照协议约定将所有约定的微信号完成交付。然而,在2019年9月22日支付首期款项后,被告多次在微信中作出明确拒绝履约的意思表示。现履约期限已过,原告多次催收,被告拒不支付。该行为已经侵犯了原告的财产利益,原告为维护自身的合法权益诉至法院,请求:(1)判令被告向原告支付尾款20万元及自2019年9月22日起至还清全部欠款日止按年利率6%计算的利息;(2)本案诉讼费由被告承担。

被告赵春飞辩称:(1)原告的转让行为是无权处分,自始无效。(2)微信号转让的行为容易损害第三人利益,违反公序良俗,应当认定无效。(3)本案转让的法律关系的权力基础本身因违反法律法规强制性规定且违反公共利益,不应受到法律保护,应当认定无效。(4)即便转让协议有效,原告未按约履行协议,存在履行瑕疵,被告有权不支付剩余款项。

第三人腾讯计算机公司称:本案原被告买卖的客体,形式上是微信账号,但由于按照法律规定,微信账号必须是实名认证,且账号均绑定了使用人的姓名、身份证号码、电话号码、电子邮箱、银行账户等信息,因此,双方交易的客体实质上是附着于微信账号上的个人信息。本案中,微信账号在绑定手机号码、进行实名认证、绑定银行卡等操作后,已然是个人信息的汇总,售卖微信号实质是售卖公民个人信息。原被告买卖微信号的行为,违反了《中华人民共和国民法总则》和《中华人民共和国网络安全法》中不得非法买卖他人个人信息的强制性规定,同时也违反了《互联网用户账号名称管理规定》关于互联网用户账号实名制的规定。据此,根据《中华人民共和国合同法》的规定,原被告达成的《转让协议》应属无效。综上,请求法院判令原被告双方《转让协议》无效。

另外,依据《中华人民共和国刑法》第二百五十三条之一第一款的规定"违反国家有关规定,向他人出售或者提供公民个人信息,情节严重的,处三年以下有期徒刑或者拘役,并处或者单处罚金;情节特别严重的,处三年以上七年以下有期徒刑,并处罚金"。《最高人民法院、最高人民检察院关于办理侵犯公民个人信息刑事案件适用法律若干问题的解释》第五条第七款的规定"违法所得五千元以上"应当认定为《中华人民共和国刑法》第二百五十三条之一规定的"情节严重",原告非法售卖公民个人信息,交易金额达到50万元,已获利达到30万元,已经涉嫌侵犯公民个人信息罪且情节严重,请求法院依法裁定移送公安机关。

江阴市人民法院审理查明:

被告赵春飞经营医疗美容项目,原告程卫红为网红医美顾问。2019年9月22日,甲方赵春飞(受让方)与乙方程卫红(出让方)签订《转让协议》,约定乙方将其拥有的9个微信号的使用权、所有权转让给甲方,甲方受让并支付转让价款50万元。乙方收到甲方全部转让款后现场配合甲方完成微信号的密码、绑定手机号信息变更和解除微信号实名认证工作,即视为完成微信号虚拟财产的交付。付款方式：协议当日付款30万元，2020年3月22日支付10万元，2020年9月22日支付10万元；自2019年9月22日起被告按未支付款项的年利率6%支付利息。微信号完成交付转让后使用权和所有权给甲方所有，后期微信号后续责任和义务与乙方无任何关联。甲方承担受转让微信号后续经营的所有风险和义务。由于转让微信号为虚拟财产，完成转让交付后双方都不得以任何理由反悔交易。如出现已转让微信号内客户与乙方有业务冲突，则冲突客户归甲方所有。所转让微信号乙方不得找回，如出现问题乙方需积极配合甲方。

协议签订当日，赵春飞支付程卫红转让款30万元，程卫红将约定的微信号交付赵春飞并完成微信号的密码、绑定手机号信息变更。

2020年3月31日，程卫红向赵春飞邮寄律师函，要求赵春飞收函后三日内付清尾款及利息，赵春飞未给付。

上述涉案的9个微信号均绑定了手机号码，进行了实名（身份证号码）认证，部分绑定了QQ号、邮箱及银行卡。其中4个微信号由程卫红实名认证，其余5个微信号由第三人实名认证。涉案微信号均有二千至三千的微信好友。

《腾讯微信软件许可及服务协议》主权利义务条款第7.1.2条规定“微信账号的所有权归腾讯计算机公司所有，用户完成申请注册手续后，仅获得微信账号的使用权，且该使用权权属属于初始申请注册人。同时，初始申请注册人不得赠予、借用、租用、转让或者售卖微信账号或者以其他方式许可非初始申请注册人使用微信账号。非初始申请注册人不得通过受赠、继承、承租、受让或者其他任何方式使用微信账号”。微信用户注册账号时必须对上述协议点击知晓并同意。

本案的争议焦点是：涉案微信账号买卖合同是否有效。

江阴市人民法院审理认为，自然人的个人信息受法律保护。任何组织或者个人需要获取他人个人信息的，应当依法取得并确保信息安全，不得非法收集、使用、加工、传输他人个人信息，不得非法买卖、提供或者公开他人个人信息。微信账号是以电子数据方式记录能够单独或者与其他信息结合识别特定自然人个人身份的个人信息的有机载体，其承载了使用者个人特有的可识别信息和微信好友的大量个人信息，买卖微信账号构成了买卖他人个人信息，该买卖合同应属无效。理由如下：

1. 微信账号及微信好友信息属于个人信息。《中华人民共和国网络安全法》第七十六条第五款规定：“个人信息，是指以电子或者其他方式记录的能够单独或者与其他信息结合识别自然人个人身份的各种信息，包括但不限于自然人的姓名、出生日期、身份证件号码、个人生物识别信息、住址、电话号码等。”《中华人民共和国民法典》第一千零三十四条第二款规定：“个人信息是以电子或者其他方式记录的能够单独或者与其他信息结合识别特定自然人的各种信息，包括自然人的姓名、出生日期、身份证件号码、生物识别信息、住址、电话号码、电子邮箱、健康信息、行踪信息等”。根据《中华人民共和国网络安全法》第二十四条及《互联网用户账号名称管理规定》第五条的规定，自然人微信账号的持有者必须进行实名制注册，即自然人使用微信账号必须进行实名认证，故自然人的微信账号记载了自然人的姓名、身份证号、手机号、电子邮箱、银行卡号等信息，该类信息均可单独识别微信账号持有者本人，具有完全的独有性和排他性，属于公民个人信息。并且自然人微信账号的图像照片、家庭住址、通讯录、朋友圈、微信聊天、支付功能、小程序等记载了自然人的个人特征、社会关系、行为信息、交易信息、言论信息、健康信息、行踪信息等间接信息，上述信息交叉可识别微信持有者本人，亦属于公民个人信息或私密信息。本案原被告从事医美行业，其利润源自客户与医美机构达成交易后的佣金，在这一商业模式下，微信账号的持有者作为客户（微信好友）与医美机构交易的全程参与者，在介绍客户（微信好友）、锁定交易、提起佣金的全过程中必然会获得客户（微信好友）的身份证号码、出生日期、住址、医疗记录等客户（微信好友）直接信息，与前述间接信息交叉后可进一步获得客户（微信好友）的个人信息或私密信息。故自然人微信账号包含了微信账号持有者及微信好友的大量个人信息，系公民个人信息有机整合的载体。

2. 售卖微信账号有违协议约定和诚实信用原则。首先，《互联网用户账号名称管理规定》第五条中规定，互联网信息服务使用者注册账号时，应当与互联网信息服务提供者签订协议。《腾讯微信软件许可及服务协议》主权利义务条款第 7.1.2 条规定，微信账号的所有权归腾讯公司所有，用户完成申请注册手续后，仅获得微信账号的使用权，且该使用权仅属于初始申请注册人。同时，初始申请注册人不得赠予、借用、租用、转让或者售卖微信账号或者以其他方式许可非初始申请注册人使用微信账号。非初始申请注册人不得通过受赠、继承、承租、受让或者其他任何方式使用微信账号。微信用户在注册微信账号时必须知晓并同意《腾讯微信软件许可及服务协议》，故程卫红与赵春飞买卖微信账号的行为违反了上述协议约定。其次，程卫红与赵春飞买卖微信账号，其目的是转让微信账号内的通讯录客户资源，即微信好友，由新的变更后的微信使用人，处置微信通讯录客户（微信好友）的信息，但该变更行为并未经得这些微信通讯录客户（微信好友）的同意，有违诚实信用原则，有悖于社会主义核心价值观，也侵害了通讯录客户（微信好友）的合法权益。

3. 从预防犯罪的角度，微信账号也不宜进行市场流通。微信现在已经成为国内最为流行的即时通信工具之一，在搭载了微信购物、微信支付等功能后，更具有了金融属性，因其便利性、隐蔽性、信息关联性被赋予了一定的经济价值，但也导致犯罪分子利用微信的上述特点实施诈骗、赌博、传销等违法犯罪活动，近年来该类犯罪呈高发态势，如果允许擅自买卖个人注册的微信账号，必将滋生更多的违法犯罪，并导致犯罪溯源更加困难,从而进一步破坏正常互联网生态秩序,引发社会矛盾,严重扰乱社会生产生活秩序,危害社会公共利益。故从保护社会公共利益和公民信息权利出发,即使个人微信账号具备一定的经济价值,也不宜进入市场自由流通。

涉案争议事实发生在《中华人民共和国民法典》施行前,当时的《中华人民共和国民法总则》第一百一十一条与现行的《中华人民共和国民法典》第一百一十一条均规定,自然人的个人信息受法律保护。但《中华人民共和国民法典》在前述法律规定的基础上,进一步对有关个人信息保护作出了系统、全面的规定,适用《中华人民共和国民法典》更有利于保护民事主体的合法权益,更有利于维护社会和经济秩序,因此,根据《最高人民法院关于适用〈中华人民共和国民法典〉时间效力的若干规定》第二条之规定,本案应适用《中华人民共和国民法典》的规定。《中华人民共和国民法典》第一百一十一条规定:"自然人的个人信息受法律保护。任何组织或者个人需要获取他人个人信息的,应当依法取得并确保信息安全,不得非法收集、使用、加工、传输他人个人信息,不得非法买卖、提供或者公开他人个人信息。"程卫红与赵春飞买卖微信账号,其目的是转让微信账号内的通讯录客户资源,即微信好友信息,由买受人处置微信通讯录客户即好友信息,但该处置行为并未经过微信好友同意,属于非法买卖他人个人信息的行为,亦为法律所禁止。

综上,程卫红与赵春飞之间的微信账号买卖合同应属无效。无效民事法律行为自始没有法律约束力,程卫红请求赵春飞支付微信账号转让款并承担违约责任没有法律依据,不予支持。

据此,依照《中华人民共和国民法典》第一百一十一条、第一百五十三条第一款、第一百五十四条、第一百五十五条、第一千零三十二条、第一千零三十四条、第一千零三十八条第二款,《中华人民共和国网络安全法》第二十四条、第七十六条,《互联网用户账号名称管理规定》第五条,《最高人民法院关于适用〈中华人民共和国民法典〉时间效力的若干规定》第二条之规定,江阴市人民法院于 2021 年 3 月 16 日作出(2020)苏 0281 民初 7297 号民事判决:

驳回程卫红的全部诉讼请求。

一审判决后,双方当事人均未提起上诉,判决已发生法律效力。

案例报送单位:江阴市人民法院
一审合议庭成员:陈教智、周　虎、赵燕群
报送人:陈教智、曹海英
审稿人:左一凡

程宝法诉南京我乐家居第二分公司工伤保险待遇纠纷案

（2021）参阅案例19号

【裁判摘要】

劳动者在疑似职业病期间因病休假系因履职受到伤害所引发，与常规病假存在本质区别。劳动者在确诊职业病后，主张用人单位参照停工留薪期工资标准支付疑似职业病期间工资的，人民法院应予支持。

【相关法条】

1.《中华人民共和国职业病防治法》第三十九条　劳动者享有下列职业卫生保护权利：

…………

（二）获得职业健康检查、职业病诊疗、康复等职业病防治服务；

…………

用人单位应当保障劳动者行使前款所列权利。因劳动者依法行使正当权利而降低其工资、福利等待遇或者解除、终止与其订立的劳动合同的，其行为无效。

第五十五条　医疗卫生机构发现疑似职业病病人时，应当告知劳动者本人并及时通知用人单位。

用人单位应当及时安排对疑似职业病病人进行诊断；在疑似职业病病人诊断或者医学观察期间，不得解除或者终止与其订立的劳动合同。

疑似职业病病人在诊断、医学观察期间的费用，由用人单位承担。

2.《工伤保险条例》第三十三条第一款　职工因工作遭受事故伤害或者患职业病需要暂停工作接受工伤医疗的，在停工留薪期内，原工资福利待遇不变，由所在单位按月支付。

【点评】

职业病是劳动者在职业活动中长期接触有毒、有害物质而引起的疾病，其存在发展过程缓慢且渐进的特点，因此不能简单认定医院确诊职业病之日为劳动者患病之日。在确诊职业病之前，劳动者可能因出现职业病症状已经开始持续就医治疗，该期间内因治疗职业病而产生的病假，是因为长期履职或工作环境存在危害所导致，与劳动者因自身疾病或非因工负伤而导致的常规病假存在本质区别，用人单位仅按照最低工资标准的80%发放该期间病假工资，远不足以弥补劳动者因职业病就诊而遭受的工资损失和产生的医疗费用损失。因此，在疑似职业病期间，劳动者应该与确诊职业病后一样享受工伤医疗待遇，用人单位应当参照停工留薪期工资标准而非病假工资标准支付劳动者该期间工资。这也是用人单位承担工伤赔偿责任的应有之义。该案判决体现了对职业病的特殊防范，有效保护了劳动群体的切身利益，充分彰显了人民法院司法为民的根本宗旨。

原告：程宝法，男，56岁，住山东省枣庄市。

被告：南京我乐家居销售管理有限公司第二分公司，住所地在江苏省南京市江宁区清水亭西路218号。

原告程宝法因与被告南京我乐家居销售管理有限公司第二分公司（以下简称南京我乐家居第二分公司）工伤保险待遇纠纷一案，起诉至江宁经济技术开发区人民法院。

原告程宝法诉称：原告于2010年5月入职南京我乐家居第二分公司从事石材切割、安装工作。2018年11月6日，因感觉肺部不适至江宁医院住院治疗，初步诊断为肺部感染。2019年3月15日，再次至江宁医院就诊，诊断为慢性阻塞性肺病。因工作有职业性粉尘接触，有疑似职业病症状，医院建议到职业病医院就诊。2019年11月7日，经南京市职业病防治院诊断为职业性矽肺二期。2020年1月15日，南京市江宁区人力资源和社会保障局认定为工伤。2020年5月27日，南京市劳动能力鉴定委员会鉴定为伤残四级。自2018年11月7日患职业病开始治疗至2020年5月，南京我乐家居第二分公司仅按每月1616元的标准支付工资，未按原工资福利待遇支付工资。2020年6月19日，原告申请仲裁，但仲裁委员会裁决认为2019年11月7日之前不属于工伤，不应享受工伤保险待遇。基于职业病和因事故造成的工伤在停工留薪期起算点上存在差异，职业病工伤应当适用《中华人民共和国职业病防治法》。据此，请求法院判决：（1）南京我乐家居第二分公司支付2018年11月6日至2020年5月27日工资差额153619.19元；（2）南京我乐家居第二分公司支付住院费用4821.43元、交通费（火车票款）1665.5元、住院护理费1500元、住院生活费300元。

被告南京我乐家居第二分公司辩称，原告程宝法认定工伤的时间为2019年11月7日，在此之前不属于工伤，故本公司按南京市最低工资标准的80%支付病假工资并无不妥。公司对程宝法停工留薪期2019年11月7日至2020年5月27日的工资差额予以认可,之前发生的医疗费已通过医保卡结算完毕,不应当按照工伤保险待遇的规定支付生活费和护理费。

江宁经济技术开发区人民法院一审审理查明:

2010年5月,程宝法入职南京我乐家居第二分公司从事大理石台面切割、安装工作,参加了社会保险。

自2018年11月起,程宝法因咳嗽、胸闷前往南京市江宁医院检查,停止向南京我乐家居第二分公司提供劳动。2018年11月6日,程宝法住院治疗,被诊断为肺部感染、支气管扩张、肺气肿。2018年11月14日,程宝法接受支气管镜手术。2018年11月16日,程宝法出院,医嘱建议继续治疗,加强营养,避免劳累、受凉,注意休息。

出院后,程宝法逐月前往南京市江宁医院复查,就诊情况如下:2018年11月30日复查结果为肺部感染,医嘱休息半月;2019年2月16日复查结果为咳嗽,医嘱休息一月;2019年3月15日复查结果为慢性阻塞性肺病,医嘱休息一月,建议赴职业病医院就诊;2019年4月14日、5月14日、6月14日、7月18日、8月18日、9月17日、10月19日七次复查结果均为慢性阻塞性肺病,医嘱分别休息一月;2019年11月21日、12月18日两次复查结果均为慢性阻塞性肺病、矽肺,医嘱分别休息一月,建议脱离致敏环境;2020年1月16日、3月16日、4月16日、5月16日、6月7日、7月29日六次复查结果均为矽肺性肺纤维化、支气管扩张伴感染,医嘱分别休息一月。

程宝法又于2019年3月15日、9月16日前往南京市职业病防治院检查。2019年11月7日,南京市职业病防治院出具《职业病诊断证明书》,确认程宝法于2010年5月至2013年6月、2017年5月至2018年11月3日期间在南京我乐家居第二分公司客户处从事大理石台面切割、安装工作,自诉接触矽尘,诊断结论为职业性矽肺二期,医嘱建议脱离粉尘接触,对症处理。程宝法自2018年11月住院起直至被认定为职业病前共产生医疗费13010.86元,扣除通过基本医疗保险报销的费用后,个人自付4821.43元。程宝法因乘坐火车往返工作地江苏南京和户籍地山东枣庄花费的交通费超过2000元,程宝法在本案中只主张1665.5元。

2020年1月15日,南京市江宁区人力资源和社会保障局作出宁人社工认字〔2019〕JN－2894号《认定工伤决定书》,确认职业病诊断时间为2019年11月7日,认定程宝法构成工伤。2020年5月27日,南京市劳动能力鉴定委员会作出宁劳鉴通字〔2020〕0561号《劳动能力鉴定结论通知书》,评定程宝法的致残程度为四级,无护理依赖。之后,工伤保险基金为程宝法报销了职业病确诊之日起的工伤医疗费,核发了一次性伤残补助金并按月支付伤残津贴。此前,南京我乐家居第二分公司在程宝法病休后一直按照南京市最低工资标准的80%每月支付病假工资1616元。

2020年6月19日，程宝法向南京市江宁区劳动人事争议仲裁委员会申诉，请求南京我乐家居第二分公司支付住院费4821.43元、火车票交通费1665.5元、住院期间护理费1500元、住院期间生活费300元、2018年11月6日至2020年5月27日期间工资差额144857.03元。2020年8月12日，仲裁委员会作出宁宁劳人仲案字（2020）第2882－1号和第2882－2号《仲裁裁决书》，查明程宝法正常工作期间的平均月工资标准为10164.14元，认为程宝法在2019年11月7日确诊职业病之前不属于工伤，程宝法2018年11月至2019年10月期间的医疗费已经通过医保统筹结算，南京我乐家居第二分公司在当时按照南京市最低工资标准的80%计1616元支付病假工资并无不当，裁决南京我乐家居第二分公司支付程宝法2019年11月7日之后的交通费771元、2019年11月7日至2020年5月27日期间工资差额56889.34元，驳回其他仲裁请求。南京我乐家居第二分公司服从裁决，并支付了裁决中的交通费771元。程宝法不服裁决，于法定期间向法院提起诉讼，并同意在诉讼请求中扣除南京我乐家居第二分公司已支付的上述交通费。

审理中，双方当事人对《仲裁裁决书》认定的月工资标准10164.14元和已经得到支持的裁决结果均无异议，南京我乐家居第二分公司对程宝法计算的2018年11月6日至2020年5月27日工资差额153619.19元、住院费用4821.43元、交通费1665.5元的金额也无异议，但程宝法主张停工留薪期应从实际发病之日2018年11月6日起算，而南京我乐家居第二分公司主张停工留薪期应从职业病确诊之日2019年11月7日起算。程宝法明确其主张的护理费系2018年11月住院10天由其家人护理产生的费用，护理费标准为每天150元，生活费标准为每天30元。南京我乐家居第二分公司对护理费、生活费均不予认可。

江宁经济技术开发区人民法院一审审理认为：程宝法因患职业病被认定为工伤，有权享受工伤保险待遇。本案的争议焦点是程宝法在确诊职业病之前的疑似职业病期间能够享受何种待遇。

《中华人民共和国职业病防治法》第二条规定，职业病是指企业、事业单位和个体经济组织等用人单位的劳动者在职业活动中，因接触粉尘、放射性物质和其他有毒、有害因素而引起的疾病。根据《工伤保险条例》第十四条的规定，职业病以外的工伤主要是指与工作时间、工作场所和工作原因密切相关而受到的事故伤害。不同于事故伤害的突发性和表象性，职业病往往是因劳动者长期接触的毒害因素在体内逐渐积累而形成的，具有一定的渐进性和隐蔽性，从劳动者病发直到确诊为职业病可能需要经历较长的时间。根据《中华人民共和国职业病防治法》第四十六条的规定，职业病诊断应当综合分析病人的职业史、职业病危害接触史和工作场所职业病危害因素情况、临床表现以及辅助检查结果等。也就是说，职业病诊断机构作出的职业病诊断证明书实质上是对劳动者已经患有职业病的情况进行事实上的确认，而劳动行政部门作出的认定工伤决定书则是对患职业病的劳动者能够享受工伤保险待遇的资格进行法律上的确认，二者均不是对劳动者患职业病起始时间的事实或者法律认定。因此，从劳动者开始患职业病直至确诊职业病的期间，应当属于疑似职业病期间。

《中华人民共和国职业病防治法》第五十五条第一款规定，医疗卫生机构发现疑似职业病病人时，应当告知劳动者本人并及时通知用人单位。根据上述规定，医疗机构负有发现和告知疑似职业病的义务，但是发现疑似职业病与诊断职业病的医疗行为同样具有滞后性，故也不能当然以医疗机构发现疑似职业病的时间作为职业病起始时间。本案中，程宝法自 2018 年 11 月 6 日起因肺部感染等症状住院并接受手术治疗，当时病情已经相当严重，其后程宝法的病情在不太长的一段时间内逐渐发展，并已经因停止工作而脱离致敏环境。程宝法每次的复诊行为均与前一次就诊的医嘱基本对应，整个诊疗过程没有明显的间隔或者中断，每次的诊疗结果也与最终的职业病诊断结论相符，故应当将程宝法自 2018 年 11 月 6 日首次就诊时起的诊治过程作为一个整体看待，其疑似职业病期间应当从 2018 年 11 月 6 日计算至职业病确诊之日的前一日（即 2019 年 11 月 6 日）。

《中华人民共和国职业病防治法》第五十五条第二款和第三款规定，用人单位应当及时安排对疑似职业病病人进行诊断；在疑似职业病病人诊断或者医学观察期间，不得解除或者终止与其订立的劳动合同。疑似职业病病人在诊断、医学观察期间的费用，由用人单位承担。因此，程宝法自 2018 年 11 月 6 日至职业病确诊之日前因诊疗职业病而产生的医疗费、交通费和护理费，应当由南京我乐家居第二分公司负担。程宝法只主张医疗费中自付部分 4821.43 元，法院予以支持。程宝法主张的交通费 1665.5 元，不超过实际支出，扣除南京我乐家居第二分公司已经支付的 771 元后，南京我乐家居第二分公司还应支付 894.5 元。程宝法主张的住院 10 天期间的护理费标准偏高，酌定每天 100 元，共计 1000 元。程宝法有关住院生活费的请求，没有法律依据，不予支持。

《工伤保险条例》第三十三条第一款规定，职工因工作遭受事故伤害或者患职业病需要暂停工作接受工伤医疗的，在停工留薪期内，原工资福利待遇不变，由所在单位按月支付。职业病的停工留薪期工资法定标准之所以明显高于普通疾病的病假工资法定标准，是因职业病的产生主要在于用人单位未提供足够的职业病防护，劳动者是在为用人单位提供劳动的过程中受到与履职相关的疾病侵害。用人单位对患职业病的劳动者承担的工伤保险责任，本质上属于赔偿责任，这与劳动者因自身疾病或者非因工负伤休假期间享受的病假工资待遇存在本质区别。如前所述，程宝法是因患职业病而非普通疾病而需要暂停工作接受治疗，南京我乐家居第二分公司仅按照最低工资标准的 80% 发放的病假工资远不足以弥补程宝法因患职业病而遭受的收入损失，故南京我乐家居第二分公司应当参照停工留薪期工资的标准发放程宝法疑似职业病期间的工资，并依法支付程宝法职业病确诊之后的停工留薪期工资。南京我乐家居第二分公司对程宝法主张的工资差额计算金额153619.19元不持异议,法院对该项诉讼请求予以支持。

综上,江宁经济技术开发区人民法院依照《中华人民共和国职业病防治法》第二条、第五十五条,《工伤保险条例》第三十三条的规定,于2021年3月30日作出(2020)苏0191民初4394号民事判决:

一、南京我乐家居销售管理有限公司第二分公司于判决发生法律效力之日起10日内支付程宝法工资差额153619.19元、医疗费4821.43元、交通费894.5元、护理费1000元,合计160335.12元;

二、驳回程宝法的其他诉讼请求。

一审宣判后,当事人均未提起上诉,一审判决发生法律效力。

案例报送单位:江宁经济技术开发区人民法院

一审合议庭成员:冯晓华、韩　丹、姚明镇

报送人:韩　丹

审稿人:左一凡

拉扎斯信息科技公司诉三快在线公司、三快科技公司不正当竞争纠纷案

(2021)参阅案例20号

【裁判摘要】

外卖平台等互联网企业为了获得独家交易机会,利用技术手段调高费率、置休服务、设置不合理交易条件,限制、阻碍商户与其他平台正常合作,属于《中华人民共和国反不正当竞争法》第十二条第二款规定的"其他妨碍、破坏其他经营者合法提供的网络产品或者服务正常运行的行为",构成不正当竞争。

【相关法条】

《中华人民共和国反不正当竞争法》第十二条　经营者利用网络从事生产经营活动,应当遵守本法的各项规定。

经营者不得利用技术手段,通过影响用户选择或者其他方式,实施下列妨碍、破坏其他经营者合法提供的网络产品或者服务正常运行的行为:

(一)未经其他经营者同意,在其合法提供的网络产品或者服务中,插入链接、强制进行目标跳转;

（二）误导、欺骗、强迫用户修改、关闭、卸载其他经营者合法提供的网络产品或者服务；

（三）恶意对其他经营者合法提供的网络产品或者服务实施不兼容；

（四）其他妨碍、破坏其他经营者合法提供的网络产品或者服务正常运行的行为。

【点评】

对电子支付、外卖、网约车等新业态、新模式下的互联网企业而言，找准用户需求、尊重用户选择权，通过不断优化产品和服务来提升用户体验感，才是企业提升竞争力、保证可持续发展的核心手段；而使用限制竞争、妨碍、破坏其他经营者提供的产品或服务等不正当手段，不仅会破坏平等、公平的市场竞争秩序，还会误导企业从注重技术进步和商业模式创新，转变为注重争夺市场资源，从而削弱互联网企业的创新发展动力。反不正当竞争法 2017 年修订时新增了“互联网专条”，对互联网领域特有的、利用技术手段进行的不正当竞争行为进行了规制。但由于科技的迅猛发展，不正当竞争的手段越来越多，也越来越隐蔽，因此在认定是否构成不正当竞争时必须紧扣该行为是否符合“妨碍、破坏其他经营者合法提供的网络产品或者服务正常运行”这一核心要件。本案判决认为，被告的行为直接指向商户与平台的正常合作，系对原告核心竞争资源的不正当剥夺和基础竞争力的破坏，构成不正当竞争。该案的正确审理有利于规范和引导平台企业转换竞争赛道，致力于通过技术创新和提升服务效率获得竞争优势，对于推进平台经济规范化运行，打造公平竞争的营商环境，促进数字经济高质量发展具有重要意义。

原告：上海拉扎斯信息科技有限公司，住所地在上海市普陀区金沙江路 1518 弄近铁城市广场北座 16 楼。

被告：北京三快在线科技有限公司，住所地在北京市海淀区北四环西路 9 号 2106 -030 号。

被告：北京三快科技有限公司，住所地在北京市海淀区苏州街 18 号院 2 号楼 507。

原告上海拉扎斯信息科技有限公司（以下简称拉扎斯信息科技公司）因与被告北京三快在线科技有限公司（以下简称三快在线公司）、北京三快科技有限公司（以下简称三快科技公司）不正当竞争纠纷一案，向淮安市中级人民法院提起诉讼。

原告拉扎斯信息科技公司诉称：原告系专业提供即时配送服务和餐饮供应链服

务的知名企业，主营产品“饿了么”是大学生校园创业起家的中国网络外卖的创始品牌，享有极高的知名度及美誉度。两被告为“美团网”经营主体，美团外卖平台由餐饮商户提供外卖，与原告企业存在竞争关系。经查，两被告为抢占淮安市地区市场，强制商户通过签署独家合作协议或者战略合作协议等方式，恶意阻扰、排挤餐饮商户在“饿了么”开店，妨碍该地区相关商户与原告正常交易，对于不服从的商户，采取各种手段不提供订单或者隐性关店等，迫使商户屈服。上述不正当竞争行为最终致使原告平台流失大量商户，市场份额缩水，佣金收入急剧减少，遭受巨额经济损失。淮安市清江浦区市场监督管理局淮中分局于2018年5月16日作出行政处罚，责令被告改正并处以7万元罚款。依据相关法律法规规定，被告在淮安地区实施上述行为严重损害消费者和商户权益，严重损害原告利益，构成不正当竞争。故原告诉至法院，请求：(1)判令被告停止实施强迫商户独家通过美团提供外卖的不正当竞争行为，在美团网网站首页、美团手机客户端主页及《江苏日报》中缝外位置刊登道歉声明，明确美团商户不会因在其他平台开店而被美团歧视对待，以消除影响；(2)判令被告赔偿其实施不正当竞争行为所获得商家佣金收入作为经济损失赔偿，或法定赔偿100万元，以较高者为准；(3)判令被告赔偿因本案发生合理费用共计6万元；(4)诉讼费等因本案发生的费用由被告负担。

三快在线公司辩称：三快在线公司从未实施过任何不正当竞争行为，本案中原告提供的淮安市清江浦区市场监督管理局的处罚决定书的主体是三快科技公司淮安分公司，该主体与三快在线公司无关联性，因此原告主张的四项诉讼请求对三快在线公司均无事实和法律依据，请求驳回原告对三快在线公司的全部诉求。

三快科技公司辩称：(1)《行政处罚决定书》涉及的三快科技公司淮安分公司对五家商户的行为不构成不正当竞争：独家协议本身应属合法，具有法律效力，三快科技公司淮安分公司员工与有关商家协商签署独家协议及商家履行经平等协商订立的独家协议行为本身，是合法的经营行为；调整服务费率是完全基于商户实际签订的协议及服务内容，并不存在恶意调整、违约调整的情况，一般服务费率及优惠服务费率的差额也具有合理性；三快科技公司淮安分公司员工存在可能不当的关停、调整配送范围等行为，也应综合考虑有关行为的性质、商业管理、对原告方产生的实际影响，进而判断是否构成《中华人民共和国反不正当竞争法》所禁止的行为。(2)不正当竞争行为，本身属于侵权行为的一种，《中华人民共和国反不正当竞争法》作为特别法，也明确强调，承担损害赔偿责任，需以相应行为造成了实际损害为前提。原告如需主张损害赔偿责任，应举证证明其确实遭到实际损失，且与有关被诉行为具有相应因果关系。但原告未提供证据证明其与案涉商户存在合作关系，未提供证据证明其所谓损失与被告行为存在因果关系，更未就其所谓损失提供任何事实证据支撑，因此原告的诉请不应得到支持。

淮安市中级人民法院一审查明：

拉扎斯信息科技公司成立于2010年7月7日，注册资本为417万元，经营范围：信息科技、网络科技领域内的技术开发、技术服务、电子商务、增值电信业余（按许可证）等。拉扎斯信息科技公司系"饿了么"互联网平台系统（域名为www.ele.me）以及"饿了么"手机软件的运营者。

三快在线公司成立于2011年5月6日，注册资本267626万美元；经营范围：计算机软件技术、网络技术开发；技术转让、技术服务、技术咨询；计算机系统集成；企业营销策划；经济贸易咨询；销售自行开发的软件产品；批发计算机硬件及其配套设备；基础软件服务；应用软件服务；设计、制作、代理、发布广告；供应链管理。三快在线公司负责整个"美团"外卖平台的技术支持。

三快科技公司成立于2007年4月10日，注册资本为294000万元；经营范围：技术开发、技术服务、应用软件服务、网上销售日用杂货、第二类增值电信业务中的信息服务等。三快科技公司系"美团"互联网平台系统（域名为meituan.com）以及"美团"手机软件的运营者。

三快科技公司淮安分公司成立于2013年7月2日，经营范围包括技术服务。2019年7月15日，三快科技公司向淮安市清江浦区市场监督管理局申请注销淮安分公司，同日，该局准予注销登记，目前三快科技公司淮安分公司处于注销状态。

2017年9月20日，淮安市清江浦区市场监督管理局接举报反映三快科技公司淮安分公司在经营"美团"外卖平台中，针对部分同时在"美团"外卖平台和"饿了么"外卖平台经营的商家，以调高费率、置休、设置不合理条件等手段，强迫商家放弃与竞争对手的交易。于是该局对"美团网"设立在淮安的分公司进行了深入调查，并对相关工作人员以及举报的商户进行了调查询问。

三快科技公司淮安分公司业务发展部副经理刘某在接受市场监督管理局调查时陈述：在拓展市场过程中确实存在要求商家下线竞争对手平台的行为，主要是"饿了么"外卖平台。对不予配合的商家通过提升扣点的方式施加压力，如果商家不下架竞争对手的平台则将扣点由18%提升至25%或者在高峰期停止该商家店铺显示、置休店铺、将该店外卖起送金额调高到500元/单、配送费用50元/单，且缩小配送范围。但上述行为总公司是不允许的，我们已经整改。

淮安市香喷喷餐饮服务有限公司等五家餐饮店负责人在接受市场监督管理局调查时陈述：2016年10月至2017年10月，五家餐饮店分别与"美团"签订外卖服务合同以及配送补充协议，为拓宽经营渠道，五家餐饮店选择同时和"饿了么"进行合作。2017年2月起，"美团"业务员通知必须与"美团"进行独家合作，否则网店就可能被关停。协商未果后，"美团"在高峰期停止显示这些同时选择和"饿了么"合作的商家，后来又通过调高起送金额、配送费用、平台提成，缩小配送范围、置休店铺等手段逼迫上述商家与“美团”进行独家合作。上述商家在“美团”业务量均大幅缩减或根本无法接单。

根据上述调查情况，2018 年 5 月 16 日，淮安市清江浦区市场监督管理局对三快科技公司淮安分公司作出淮清市监案字〔2018〕G061 号行政处罚决定，该处罚决定认定：美团网是三快科技公司经营的网络平台，主要提供外卖、团购、电影及其他网络服务，以餐饮外卖服务和团购为主要业务，三快科技公司淮安分公司负责美团网在淮安地区的经营和维护。三快科技公司淮安分公司在经营活动中采取以下手段阻碍他人之间建立正常的交易关系、扰乱或者妨碍竞争对手的正常经营活动：(1)以调高费率为手段迫使签约商家放弃与竞争对手(专指“饿了么”平台)交易——三快科技公司淮安分公司针对部分同时在美团网与饿了么平台经营的商家，要求其下架同类在线外卖平台“饿了么”的店铺，如果不下架则需要重新签约，费率从 18% 上调至 25%；(2)以置休服务为手段迫使签约商家同意上述条款——针对不同意重新签约且不同意下架“饿了么”平台的商户，置休商家服务，让商家无法在美团网平台正常经营；(3)设置不合理交易条件阻碍商家与消费者之间建立正常的交易关系——针对个别反映强烈的商家，先后采取在高峰期停止外卖平台店铺显示、置休服务、将起送金额调高至 500 元/单，配送费用调高为 50 元/单，配送范围缩小至 500 米等手段阻碍商家与消费者之间建立正常的交易关系。在本案调查过程中，当事人已经对上述行为进行了整改。三快科技公司淮安分公司上述行为违反了《江苏省实施〈中华人民共和国反不正当竞争法〉办法》第十五条第四项、第五项规定，淮安市清江浦区市场监督管理局决定三快科技公司淮安分公司立即停止违法行为，并罚款 70000 元，上缴国库。

另查明：根据淮安市香喷喷餐饮服务有限公司向淮安市清江浦区市场监督管理局提供的《美团外卖服务合同》，约定：经协商，甲方同意：A. 甲方只与乙方进行外卖在线平台合作；B. 甲方外卖商品在其他网站的在线标注价格不低于其在美团外卖的在线标注价格；关于上述 A 约定，如甲方违反，则甲方应自乙方通知后的 7 个工作日内返还甲方给予的服务费优惠，并向乙方支付 2000 元作为违约金。

淮安市中级人民法院一审认为：

一、关于本案的法律适用问题

本案中，拉扎斯信息科技公司主要根据淮安市清江浦区市场监督管理局的行政处罚决定指控三快科技公司淮安分公司在 2017 年 3 月至 2018 年 3 月实施的行为构成不正当竞争，而 2017 年 11 月 4 日修改的《中华人民共和国反不正当竞争法》已于 2018 年 1 月 1 日起施行，因被诉行为跨越新旧反不正当竞争法，故本案涉及新旧法的适用问题。《中华人民共和国立法法》第九十二条规定：“同一机关制定的法律、行政法规、地方性法规、自治条例和单行条例、规章，特别规定与一般规定不一致的，适用特别规定；新的规定与旧的规定不一致的,适用新的规定。”故依据上述规定中新法优于旧法原则,本案应适用自2018年1月1日起施行的《中华人民共和国反不正当竞争法》对三快科技公司淮安分公司的被诉行为作出评价。

二、三快科技公司淮安分公司的被诉行为是否构成不正当竞争行为

《中华人民共和国反不正当竞争法》第十二条规定,经营者利用网络从事生产经营活动,应当遵守本法的各项规定。经营者不得利用技术手段,通过影响用户选择或者其他方式,实施下列妨碍、破坏其他经营者合法提供的网络产品或者服务正常运行的行为:(1)未经其他经营者同意,在其合法提供的网络产品或者服务中,插入链接、强制进行目标跳转;(2)误导、欺骗、强迫用户修改、关闭、卸载其他经营者合法提供的网络产品或者服务;(3)恶意对其他经营者合法提供的网络产品或者服务实施不兼容;(4)其他妨碍、破坏其他经营者合法提供的网络产品或者服务正常运行的行为。拉扎斯信息科技公司与三快科技公司均主营互联网餐饮外卖服务,使用“饿了么”平台的用户与使用“美团外卖”平台的用户群体高度一致,双方的服务对象均为对餐饮配送有需求的消费者和商户,因此,二者在争夺商户、消费者亦存在此消彼长的竞争利益,具有直接竞争关系。本案中,三快科技公司淮安分公司以调高费率、置休服务、设置不合理交易条件限制、阻碍商户与其竞争对手“饿了么”交易,排挤竞争,拉扎斯信息科技公司必然因此丧失流量、丧失订单而遭受损失。作为网络外卖餐饮平台,其主要经营模式和业务路径系通过吸引餐饮商户与消费者进入平台达成交易,是典型的多边主体参与的网络平台,具有极强的网络效应和锁定效应。平台的正常运营有赖于商户与消费者双边的资源储备,平台商户数量直接影响到对消费者的吸引力和平台经营利益,因此商户资源是外卖平台的核心竞争资源和经营基础。案涉行为直接指向商户与平台的正常合作,系对原告核心竞争资源的不正当剥夺和基础竞争力的破坏,构成不正当竞争。上述损害属于根据一般常识即可预见,无须直接证据证明具体损失数额,根据行为的性质、损害的形式和内容等因素即可确定损害可能性,故三快科技公司关于被诉行为未造成拉扎斯信息科技公司实质性损害的理由法院不予支持。

三、关于被告三快科技公司应当承担的民事责任问题

(一)关于损害赔偿的数额。根据《中华人民共和国反不正当竞争法》第十七条规定,经营者违反本法规定,给他人造成损害的,应当依法承担民事责任。经营者的合法权益受到不正当竞争行为损害的,可以向人民法院提起诉讼。因不正当竞争行为受到损害的经营者的赔偿数额,按照其因被侵权所受到的实际损失确定;实际损失难以计算的,按照侵权人因侵权所获得的利益确定。本案中,原告作为极具影响力的平台公司,未提交证据证明自己因侵权行为遭受的损失数额,亦未提供证据证明两被告因侵权获得的利润,考虑因互联网不正当竞争行为造成的损害存在难以量

化的特点，故对于赔偿数额，法院综合考虑侵权行为发生的范围、持续时间、范围及侵权人的主观过错、损害后果等因素，酌定三快科技公司淮安分公司赔偿原告拉扎斯信息科技公司经济损失30万元。关于原告拉扎斯信息科技公司为制止侵权所支付的合理费用，拉扎斯信息科技公司提交了5万元律师费发票以及2243.5元其他合理开支的发票，法院予以支持。

（二）关于对于拉扎斯信息科技公司要求在两被告美团网网站首页、美团手机客户端主页及《江苏日报》中缝外位置刊登道歉声明。一审法院认为，《中华人民共和国反不正当竞争法》第二十三条中规定："经营者违反本法第十一条规定损害竞争对手商业信誉、商品声誉的，由监督检查部门责令停止违法行为、消除影响"。本案中并无证据显示三快科技公司淮安分公司在实施不正当竞争行为的过程中，使用不当的或者虚假的信息诋毁拉扎斯信息科技公司经营的"饿了么"平台声誉，也没有证据证明拉扎斯信息科技公司经营的"饿了么"平台、提供的产品和服务因被诉不正当竞争行为遭遇负面评价，故对拉扎斯信息科技公司的该项请求，不予支持。

（三）三快科技公司淮安分公司的侵权责任由谁承担。根据审理查明的事实，三快科技公司淮安分公司系三快科技公司依法设立并领取了营业执照的分支机构，但由于三快科技公司已于2019年办理了该分公司的注销登记，另根据《中华人民共和国公司法》第十四条第一款的规定，分公司不具有法人资格，其民事责任由公司承担。因此，淮安分公司在注销登记前实施的侵权行为产生的民事责任，应当由三快科技公司承担。

（四）三快在线公司是否应当承担连带责任。《中华人民共和国侵权责任法》第八条规定，二人以上共同实施侵权行为，造成他人损害的，应当承担连带责任。本案中，原告拉扎斯信息科技公司认为三快在线公司是《美团外卖服务合同》及补充协议的签订主体，置休、调高起送费等是由三快在线公司进行线上技术操作，故其应承担连带责任。三快在线公司辩称置休、调高起送费等行为是三快科技公司淮安分公司工作人员自行操作，三快科技公司淮安分公司业务发展部副经理刘某在接受市场监督管理局调查时也陈述"在拓展市场过程中确实存在要求商家下线竞争对手平台的行为，主要是'饿了么'外卖平台。但上述行为总公司是不允许的，我们已经整改。"对于三快在线公司是否为三快科技公司淮安分公司的不正当竞争行为提供帮助拉扎斯信息科技公司未能提交证据证明，故对拉扎斯信息科技公司要求三快在线公司承担连带责任的主张不予支持。

综上，淮安市中级人民法院依照《中华人民共和国反不正当竞争法》第十二条、第十七条、第二十三条，《中华人民共和国侵权责任法》第十五条，《中华人民共和国公司法》第十四条，《中华人民共和国民事诉讼法》第六十四条，《最高人民法院关于民事诉讼证据的若干规定》第九十五条之规定，于2021年3月15日作出(2019)苏08民初309号民事判决：

一、被告北京三快科技有限公司于本判决生效之日起十日内赔偿原告上海拉扎斯信息科技有限公司经济损失30万元,制止侵权行为所支付的合理开支52243.5元,合计352243.5元;

二、驳回原告上海拉扎斯信息科技有限公司的其他诉讼请求。

一审判决后,拉扎斯信息科技公司、三快科技公司不服,向江苏省高级人民法院提起上诉。

拉扎斯信息科技公司上诉称:(1)一审判决未认定三快科技公司、三快在线公司分工合作,共同实施不正当竞争行为的事实,三快科技公司、三快在线公司构成共同侵权,应承担连带责任;(2)一审判决确定的赔偿金额过低;(3)一审存在漏判,未判决停止涉案不正当竞争行为。遂请求二审法院判令:(1)撤销一审判决,改判支持拉扎斯信息科技公司一审诉讼请求;(2)一、二审诉讼费等因本案发生的费用由三快科技公司、三快在线公司承担。

三快科技公司辩称:(1)本案涉及的行为定性、可能损害的认定,都应限于涉案五家商户,不应任意扩大;(2)被诉行为未对拉扎斯信息科技公司产生负面影响和损害,且已停止,拉扎斯信息科技公司亦未举证证明其遭受的任何损失。即使法院酌定有关损失,根据现有案情,一审判决确定的赔偿金额也明显畸高。

三快在线公司辩称:对一审判决无异议,三快在线公司不是侵权人,与本案无关联,请求维持一审法院对其所作判决。

三快科技公司上诉称,一审判决认定事实不清,适用法律错误。(1)一审判决扩大了认定不正当竞争行为针对对象的范围,应仅就三快科技公司针对涉案五家商户的行为进行认定;(2)一审判决认定涉案行为构成不正当竞争,适用法律错误;(3)一审判决混淆了竞争行为与不正当竞争行为的界限,否定了正常的商业竞争;(4)拉扎斯信息科技公司未提供证据证明其遭受了实际损失,一审判决不应当酌定损失数额。遂请求二审法院判令:(1)撤销一审判决,依法改判或发回重审;(2)一、二审诉讼费用由拉扎斯信息科技公司承担。

拉扎斯信息科技公司辩称:三快科技公司的上诉请求和理由不能成立,请求依法驳回。(1)三快科技公司关于被控不正当竞争行为限于涉案五家商户的上诉理由不成立。被控不正当竞争行为是美团网及App在淮安地区实施了"二选一",即强制商户下架"饿了么"网店等行为,是覆盖淮安地区的行为。淮安市清江浦区市场监督管理局取证是针对具体店铺遭遇美团胁迫固定证据的行为,并不需要对淮安所有店铺逐一取证;(2)三快科技公司关于适用法律错误的上诉理由也不成立。本案被控行为按照新旧《中华人民共和国反不正当竞争法》的规定均构成不正当竞争。监管部门依照地方性法规实施行政处罚与人民法院依照《中华人民共和国反不正当竞争法》判决民事案件,属于不同法律救济途径;(3)三快科技公司关于"事实不清"的上诉理由均是法律问题而不是事实问题;(4)三快科技公司关于独家协议是正当竞争的观点忽略了本案独家协议违反商户意愿，并非正当竞争行为；(5)本案损失的认定不应仅限涉案的五家商户，而应是美团网和App在淮安地区因不正当竞争行为所获得的违法所得。

江苏省高级人民法院经二审审理，确认了一审查明的事实。

江苏省高级人民法院二审认为：

一、三快在线公司和三快科技公司共同实施了涉案不正当竞争行为

（一）涉案行为构成不正当竞争。因现有证据可以证明三快科技公司淮安分公司实施被控侵权行为至少持续至2018年3月，故本案应适用2017年修订的《中华人民共和国反不正当竞争法》，该法第十二条规定："经营者利用网络从事生产经营活动，应当遵守本法的各项规定。经营者不得利用技术手段，通过影响用户选择或者其他方式，实施下列妨碍、破坏其他经营者合法提供的网络产品或者服务正常运行的行为：……（四）其他妨碍、破坏其他经营者合法提供的网络产品或者服务正常运行的行为。"本案中，三快科技公司淮安分公司对部分同时在"美团"和"饿了么"外卖平台经营的商户，通过实施调高费率、置休服务、设置不合理交易条件等手段，迫使商户签署只与"美团"外卖在线平台进行合作的约定，不正当地阻碍商户与"饿了么"外卖平台进行合作的机会，剥夺了商户的选择权，并妨碍、破坏了拉扎斯信息科技公司等同业竞争者的网络产品及服务正常运行，排除了其竞争机会，扰乱了正常的市场竞争秩序，不仅损害了商户的合法权益，更损害了拉扎斯信息科技公司的合法权益，应认定其违反了《中华人民共和国反不正当竞争法》第十二条第二款第四项规定，构成不正当竞争行为。一审判决依据《中华人民共和国反不正当竞争法》第十二条认定涉案行为构成不正当竞争行为适用法律正确。

（二）三快在线公司和三快科技公司应当承担连带赔偿责任。本案中，三快在线公司负责整个"美团"外卖平台的技术支持，并以自己的名义与商户签订《美团外卖服务合同》、《专送补充协议》或《配送补充协议》，为商户提供外卖展示及交易的网络服务平台，并就服务内容、服务费费率、起送价、配送费、增值服务费等事项在上述合同及补充协议中进行了约定，三快在线公司作为服务平台技术支持的主体、合同签约主体以及法律意义上的合同实施主体和利益分享主体，应当认定其负责调高费率、置休服务等技术操作，其抗辩自己未实施以上行为，缺乏相应的证据支持。故结合现有证据，认定三快在线公司参与了"美团"外卖平台的具体运营，与三快科技公司淮安分公司构成共同侵权，应对其共同向商户实施的涉案侵权行为所产生的损害后果承担连带责任。一审判决三快在线公司不承担连带责任错误，应予纠正。因三快科技公司淮安分公司已注销，故其在注销登记前实施的侵权行为产生的民事责任，应当由三快科技公司承担。

二、一审判决确定的民事责任适当

（一）关于赔偿损失的民事责任。因无充分证据证明拉扎斯信息科技公司的实际损失或三快在线公司和三快科技公司因

此所获得的利益，一审法院在确定赔偿额时综合考虑侵权行为发生的范围、持续时间及侵权人的主观过错、损害后果以及拉扎斯信息科技公司为制止侵权行为所支付的合理开支费用等各项因素，酌情确定352243.5元的赔偿额，并无明显不当。鉴于拉扎斯信息科技公司及三快科技公司均无确切证据支持其上诉所称赔偿额过低及过高的主张，故拉扎斯信息科技公司及三快科技公司对赔偿额的上诉理由均缺乏事实和法律依据，均不予采纳。

（二）一审法院不存在漏判的情形。对于拉扎斯信息科技公司要求三快在线公司和三快科技公司停止涉案不正当竞争行为的诉请，一审法院已在判决主文第二项予以驳回，故不存在漏判的情形。因涉案行政处罚决定中已明确三快科技公司淮安分公司对被控侵权行为进行了整改，且三快科技公司也主动于本案诉讼之前注销了淮安分公司，表明其停止涉案不正当竞争行为的意愿，故二审法院仅对拉扎斯信息科技公司要求三快在线公司停止实施不正当竞争行为的主张予以支持。

综上，拉扎斯信息科技公司的部分上诉理由成立，应予支持；三快科技公司的上诉理由缺乏事实和法律依据，对其上诉请求应予驳回。依照《中华人民共和国侵权责任法》第八条、《中华人民共和国民事诉讼法》第一百七十条第一款第二项的规定，江苏省高级人民法院于2021年8月12日作出（2021）苏民终1545号民事判决：

一、变更江苏省淮安市中级人民法院（2019）苏08民初309号民事判决第一项为：北京三快科技有限公司、北京三快在线科技有限公司于本判决生效之日起十日内连带赔偿上海拉扎斯信息科技有限公司经济损失300000元，制止侵权行为所支付的合理开支52243.5元，合计352243.5元；

二、撤销江苏省淮安市中级人民法院（2019）苏08民初309号民事判决第二项；

三、北京三快在线科技有限公司于本判决生效之日立即停止实施强迫商户独家通过美团提供外卖的不正当行为；

四、驳回上海拉扎斯信息科技有限公司的其他诉讼请求。

案例报送单位：淮安市中级人民法院
一审合议庭成员：孙晓明、石亚东、宋桂兵
二审合议庭成员：汤茂仁、史　蕾、顾正义
报送人：史　蕾、孙晓明、骆康璐
审稿人：左一凡

上诉人鲍某、郑某与被上诉人周某、王某、原审被告海安市民政局等收养行政登记案

【编者按】

本案是备受社会关注的"寄养婴儿被收养案"。收养登记涉及相关当事人特定身份关系的解除和建立,关系未成年人和两个家庭的切身利益,登记机关必须慎重履行职责,确保收养登记的准确、规范、有序。本案中,被诉收养登记行为不仅违反了法定程序,且以证明代替证据的做法也架空了行政机关的法定审查职责。人民法院在查清事实的基础上,判决撤销被诉收养登记行为,既保障了被收养人生父母获得救济的权利,又监督了行政机关依法履行职责,是践行司法为民宗旨、推动提升依法行政水平的生动体现。值得一提的是,法官在案件审理过程中面临一个非常棘手的问题:一纸撤销判决意味着收养关系不复存在,但被收养人与养父母毕竟共同生活近三年,双方已有深厚感情,如此判决是否显得冷酷无情? 对此,这份判决书指出,维护社会最基本的秩序是法律的终极使命,被收养人与养父母之间后天建立的感情毕竟是以剥夺亲生父母的权利为代价的,人民法院解决纠纷应兼顾国法天理人情,努力实现法律效果与社会效果的统一。该文书逻辑清晰,说理透彻,以通俗易懂的语言对深奥法理和朴实情理予以阐述,具有很强的说服力和感染力,入选第四届全国法院"百篇优秀裁判文书"。

江苏省南通市中级人民法院
行政判决书

(2020)苏06行终171号

上诉人(原审第三人)鲍某,男,1982年×月×日生,××族,住如皋市。

委托代理人王菁,北京市炜衡(南通)律师事务所律师,系法律援助律师。

上诉人(原审第三人)郑某,女,1979年×月×日生,××族,住北京市平谷区。

系上诉人鲍某之妻。

被上诉人(原审原告)周某,男,1966年×月×日生,汉族,住江苏省海安市。

被上诉人(原审原告)王某,女,1976年×月×日生,汉族,住河南省泰康县。

委托代理人周某,身份同上。

原审被告海安市民政局,住所地江苏省海安市。

法定代表人袁加根,局长。

应诉负责人曹瑞敏,副局长。

委托代理人曹佳姗,海安市民政局工作人员。

委托代理人许立群,江苏紫石律师事务所律师。

原审第三人鲍某1(曾用名周某1),男,2015年×月×日生,汉族,住北京市平谷区。

法定代理人鲍某、郑某,系鲍某1养父母。

上诉人鲍某、郑某因收养行政登记一案,不服南通经济技术开发区人民法院(2019)苏0691行初927号行政判决,向本院提起上诉。本院受理后依法组成合议庭,于2020年5月28日公开开庭审理了本案,上诉人鲍某的委托代理人王菁,被上诉人周某,原审被告海安市民政局的负责人曹瑞敏、委托代理人曹佳姗、许立群到庭参加诉讼,上诉人鲍某、郑某在线参加诉讼。本案现已审理终结。

一审法院经审理认定以下事实:2011年9月5日,周某与王某登记结婚,婚后生育两女一子。2016年4月21日,周某、王某经海安市人民法院调解达成离婚协议,婚生女周某2、周某3、婚生子周某1均随周某生活。

2017年2月14日,金某报警称捡到一男弃婴,原海安县公安局城北派出所(以下简称城北派出所)民警朱某、储某到达现场,金某称其母亲于2016年8月8日捡到一男婴,包裹里有男婴的健康检查等相关手续,男婴的名字叫周某1(2015年×月×日出生),出警民警建议金某将孩子送福利院收养。

2017年2月26日,城北派出所与海安市社会福利院签订公告期疑似弃婴(儿)代养协议。次日,海安市社会福利院与金某夫妇签订家庭寄养协议。3月4日,海安市社会福利院在《扬子晚报》刊登寻找弃婴生父母公告,期满后无人认领。

2017年3月14日,城北派出所委托海安市公安局物证鉴定室对男婴血样与全国公安机关查找被拐卖/失踪人员儿童DNA数据库进行比对,结果为无比中。5月8日,城北派出所向海安市民政局出具捡拾弃婴(儿童)报案证明,证明周某1于2016年8月8日在海安市××花苑××楼××室被崔某捡拾,未查找到生父母。同日,城北派出所弃婴(儿)报案证明登记表“捡拾弃婴经过”一栏记载“崔某早上起床在门口发现有一婴儿车,婴儿车里有一男婴,还有一张纸条,纸条上写有男婴出生时间:2015年×月×日,另有一个奶瓶、6块尿布、体检单,体检单上有手机号,手机号联系不上”。“查找弃婴(儿)生父母的经过及结果”一栏记载“经调查未找到弃婴亲生父母”。

2017年5月31日，海安市社会福利院为被捡拾婴儿取名为鲍某1，并为其申报户口。6月12日，城北派出所为鲍某1办理了户口登记，记载出生时间为2015年×月×日。6月30日，鲍某、郑某向海安市民政局申请，要求收养鲍某1。同日，海安市民政局为收养人鲍某、郑某，被收养人鲍某1（即周某1）办理了（2017）收字第17018号收养登记。

2018年1月24日，周某向海安市民政局提出申请，要求撤销案涉收养登记未果。2月24日，周某、王某向如东县人民法院提起行政诉讼，请求撤销海安市民政局作出的（2017）收字第17018号收养登记。如东县人民法院经审理，以周某、王某不具有原告主体资格为由裁定驳回起诉。周某不服提起上诉。2019年5月7日，苏州大学司法鉴定中心出具苏大司鉴中心（2019）物鉴字第393号鉴定意见书，鉴定意见为依据现有资料和DNA分析结果，支持周某与鲍某1之间存在亲生血缘关系。本院认为，周某提交的证据以及所作的陈述能够表明其与收养登记行为具有利害关系，裁定撤销如东县人民法院作出的驳回起诉裁定，指令南通经济技术开发区人民法院继续审理。

2019年12月16日，一审法院对金某及城北派出所民警朱某进行了调查。金某坚持认为鲍某1系其母亲于2016年8月8日早上在家门口捡到。民警朱某陈述：当时报警人称有人送了孩子在其母亲处，报警人还称曾借钱给对方，以前给抚养费的，后来不给了，也联系不上，就报警说有人送了个孩子。寻亲公告结束之前报警人说孩子是周某的，住在新桥，欠了很多外债。

一审法院经审理认为，《中华人民共和国收养法》第四条规定，下列不满十四周岁的未成年人可以被收养：（1）丧失父母的孤儿；（2）查找不到生父母的弃婴和儿童；（3）生父母有特殊困难无力抚养的子女。审查鲍某1是否符合被收养的条件，就是审查鲍某1是否属于查找不到生父母的弃婴。所谓查找不到生父母的弃婴，需满足两个条件：一是弃婴；二是查找不到生父母。

关于鲍某1是否为弃婴。本案中，公安机关出具的接处警工作登记表、捡拾弃婴（儿童）报案证明、弃婴（儿童）报案证明登记表、弃婴（儿）捡拾证明中，关于捡拾婴儿的内容主要基于金某的陈述。周某称是让金某母亲代为照顾鲍某1，金某坚称捡拾鲍某1。周某提交的以金某名义所作的书面材料虽未有金某的签字确认，但书面材料的口吻符合金某的立场，也与金某报警所称的捡拾时间、民警朱某的陈述相吻合，材料所反映内容与本案相关事实有高度关联。因此，弃婴一说尚有疑点。

关于鲍某1是否为查找不到生父母的婴儿。城北派出所出具的报案证明登记表中记载“体检单上有手机号码”“核实体检单位也未能查找到体检单上父母的相关线索”，结合周某提供的原海安县中心卫生院出具的接种证查验证明，记载有鲍某1的名字、出生年月日、家长姓名及联系电话等，可见鲍某1并非属于父母不详的婴儿。虽然金某报警称是捡拾弃婴，但报警时间距捡拾时间超过半年，金某称周某曾给过抚养费，金某陈述的相关信息也与接种证查验证明上的家长姓名和居住地址相吻合。

《中国公民收养子女登记办法》第七条第二款规定，收养查找不到生父母的弃婴、儿童的，收养登记机关应当在登记前公告查找其生父母；自公告之日起满60日，弃婴、儿童的生父母或者其他监护人未认领的，视为查找不到生父母的弃婴、儿童。但在知晓鲍某1父亲姓名的情况下，应穷尽可以找寻鲍某1生父母或其他监护人的一切手段，不宜径直公告。收养登记割裂原骨血亲情，重新建立新的父母子女关系，对两个家庭均有重大影响，更应谨慎对待。在未穷尽其他寻亲手段的情况下，不宜径直以生父母未在公告期内认领而将鲍某1视为查找不到生父母的弃婴。

从情感上来说，案涉收养登记证撤销与否涉及未成年人此后的生活环境、生长轨迹、抚养权归属等一系列问题，属于两难的抉择。周某、王某作为生父母，对孩子有着难以割舍的血脉亲情。鲍某、郑某作为养父母，将一个一岁半的婴儿抚养近三年，期间的辛苦与付出不言而喻，也必然建立了极为深厚的感情。无论鲍某1与哪一方共同生活，对另一方都必将造成重大伤害。需要指出的是，造成这种两难的局面，周某、王某负有不可推卸的责任。

从法理上来说，审查本案收养登记行为是否合法，必须审查鲍某1是否符合被收养的条件。根据查明的事实，鲍某1生父姓名清楚，不能认定鲍某1系被生父母遗弃，鲍某1不属于找不到生父母的弃婴。因此，鲍某1不符合《中华人民共和国收养法》规定的可以被收养的条件，海安市民政局发放的（2017）收字第17018号收养登记证依法应当予以撤销。

为了保障未成年人身心健康，营造和谐良好的成长环境，希望周某、王某与鲍某、郑某对鲍某1的交接事宜等能友好协商，并在日后为鲍某、郑某探视鲍某1提供方便。并考虑给予相应补偿。

据此，一审法院依照《中华人民共和国行政诉讼法》第七十条第一项之规定，判决撤销海安市民政局发放的（2017）收字第17018号收养登记证。

上诉人鲍某、郑某不服提起上诉称：（1）周某、王某的起诉不符合法定的受理条件。周某与王某已经离婚，王某对如东县人民法院作出的驳回起诉裁定未提出上诉，不具有原告主体资格。周某于2017年7月得知鲍某1被收养，2018年2月24日提起诉讼超过了6个月的起诉期限。（2）周某、王某在长达数月的时间内，对仅有数月的婴儿不闻不问，已经构成了遗弃的事实，构成遗弃罪，鲍某1属于弃婴。（3）《中华人民共和国收养法》规定查找不到生父母的弃婴可以被收养，但并没有规定何为查找不到生父母，弃婴（儿）报案证明、《扬子晚报》寻亲公告等证据材料已经形成了完整的证据链，能够证明鲍某1属于《中华人民共和国收养法》第四条规定的弃婴，一审法院认为鲍某1生父姓名清楚，不属于查找不到生父母的情形缺少法律依据。（4）鲍某1是否属于弃婴应当以办理收养登记的时点判断，民政部门在办理收养登记时在可能查找的方法中均无法查找到鲍某1生父母的信息，苏州大学出具亲子鉴定报告的时间在收养登记之后，据此撤销收养登记无法保证收养关系的稳定。一审法院认为在知晓生父姓名的情况下应穷尽寻找生父母的手段，不宜径直公告，缺少法律依据。(5)保护被收养未成年人的利益是收养法的最高原则，一审法院过多关注了生父母的合法权益，忽略了鲍某1的合法权益，周某、王某已经离婚，单亲家庭不利于孩子的成长。请求撤销一审判决，依法作出公正、公平的判决。

被上诉人周某、王某辩称：鲍某1是委托给金某母亲寄养而不是遗弃，本案在如东县人民法院审理期间之所以没有进行亲子鉴定是因为鉴定费过高。鲍某1不符合被收养的条件，应当撤销案涉收养登记。

原审被告海安市民政局述称：(1)案涉收养登记符合法律规定。民政部门无法比拟公安机关的调查手段和方法，认定鲍某1属于弃婴主要依据的是公安机关及村委会的相关证明。收养法只赋予了民政部门公告查找的职责，海安市民政局在办理案涉收养登记时已经履行了公告职责，一审法院要求穷尽调查手段，属于对登记机关的苛责。(2)苏州大学出具的鉴定报告能够表明鲍某1是周某之子，由于鲍某1生父母的出现，收养关系无法继续维系，案涉收养登记应当予以撤销。

本院经审理，对一审判决认定的事实予以确认。

二审审理中，为了查明金某所称的捡拾鲍某1的事实是否存在，本院对周某曾经委托的江苏慧眼律师事务所董来春律师、金某父母的邻居王某1、金某本人进行了调查。董来春陈述，在作为周某的代理律师对金某调查时，金某亲口陈述和提供的一份没有署名的打印材料，都明确最初是出于同情而代为照顾鲍某1。王某1陈述，金某母亲代养小孩是金某介绍的，孩子的父亲曾经给过抚养费。金某陈述，鲍某1是周某送来寄养的，报警所称的捡拾说法不是事实，并承认向董来春提供了一份书面打印材料。

各方当事人对以上三份证人证言和董来春提供的书面材料的真实性、关联性和合法性没有异议，以上证据材料不但相互之间内容一致，而且与周某、朱某的陈述相互印证，能够排除捡拾婴儿之说的矛盾之处，本院予以认定。

本院据此补充认定以下事实，2016年4月周某、王某离婚后，周某委托金某母亲代养鲍某1，因长时间无法联系到周某，金某报警称其母亲在家门口捡拾了鲍某1。

本院认为，根据行政诉讼的合法性审查原则，结合各方当事人的诉辩意见，本案二审需要审理的问题主要集中在以下四个方面：一是周某、王某的起诉是否符合法定受理条件，主要涉及王某是否具备原告主体资格，周某、王某的起诉是否超过起诉期限两个方面；二是鲍某1是否符合被收养的法定条件；三是被诉收养登记行为是否符合法定程序；四是海安市民政局在办理收养登记时是否依法履行了审查义务。

一、关于周某、王某的起诉是否符合法定受理条件的问题

首先，王某具有提起本案诉讼的原告主体资格。《中华人民共和国行政诉讼法》第二条第一款规定，公民、法人或者其他组织认为行政机关和行政机关工作人员的行政行为侵犯其合法权益，有权依照本法向人民法院提起诉讼。第二十五条第一款规定，行政行为的相对人以及其他与行政行为有利害关系的公民、法人或者其他组织，有权提起诉讼。王某作为鲍某1的生母，当然有权对被诉收养登记行为提起诉讼。诉权是法律赋予公民的基本权利，除非自己表示放弃，否则不能以任何形式予以剥夺。王某未对如东县人民法院作出的驳回起诉裁定提起上诉，放弃的只是对该裁定的上诉权，而不是对被诉收养登记行为请求撤销的权利。更何况，如东县人民法院作出的裁定已被本院纠正，并指令南通经济技术开发区人民法院继续审理，这里的“继续审理”自然是指周某、王某作为共同原告对被诉收养登记行为所提起的撤销之诉。

其次，周某、王某的起诉没有超过起诉期限。《中华人民共和国行政诉讼法》第四十六条第一款规定，公民、法人或者其他组织直接向人民法院提起诉讼的，应当自知道或者应当知道作出行政行为之日起六个月内提出。法律另有规定的除外。《最高人民法院关于适用〈中华人民共和国行政诉讼法〉的解释》第六十四条第一款规定，行政机关作出行政行为时，未告知公民、法人或者其他组织起诉期限的，起诉期限从公民、法人或者其他组织知道或者应当知道起诉期限之日起计算，但从知道或者应当知道行政行为内容之日起最长不得超过一年。上述规定中的六个月是起诉期限的一般规定，旨在督促利害关系人及时主张权利，一年的起诉期限则是保护诉权的特别规定，强调利害关系人在不知道起诉期限的情况下，应当自知道或者应当知道行政行为内容之日起一年内主张权利。无论是适用一般规定还是特别规定，起诉期限的起算点都是利害关系人知道或者应当知道行政行为内容之日。本案中，在无法确定周某、王某知晓被诉收养登记行为内容具体日期的情况下，应当适用一年起诉期限规定。被诉收养登记行为作出之日是2017年6月30日，周某、王某向如东县人民法院提起诉讼的日期是2018年2月24日，显然没有超过一年的起诉期限。

二、关于鲍某1是否符合被收养法定条件的问题

收养是公民领养他人子女为自己子女的法律行为，但并非任何未成年人都可以被收养。《中华人民共和国收养法》第四条规定，下列不满十四周岁的未成年人可以被收养：(1)丧失父母的孤儿；(2)查找不到生父母的弃婴和儿童；(3)生父母有特殊困难无力抚养的子女。就本案而言，鲍某1是周某、王某的婚生子，这是一个没有争议的事实，争议的关键在于鲍某1被收养时是否符合“查找不到生父母的弃婴”的情形。

被诉收养登记行为认定鲍某1符合被收养的条件，主要是根据城北派出所出具

的接处警工作登记表、弃婴(儿)捡拾证明、弃婴(儿)报案证明登记表,以上证据均载明金某报警称其母亲在住宅门口捡拾鲍某1,并且经过公安机关的调查和DNA比对,未能查找到婴儿的亲生父母,海安市民政局据此认定鲍某1符合"查找不到生父母的弃婴"的收养条件,并最终作出了收养登记行为。周某、王某则认为,鲍某1是被寄养在金某母亲处,捡拾一说子虚乌有。从形式上看,海安市民政局的主张不无道理和依据。但是,案涉收养关系建立的事实基础均源于金某报警的内容,报警内容的真伪决定了鲍某1是否符合被收养的条件。从本院审理查明的事实来看,不仅金某承认了报警所称的捡拾婴儿内容虚假,而且承认了周某委托寄养鲍某1的事实。金某对事实真相的还原与律师董来春的证言、金某交给律师董来春的书面材料、金某父母的邻居王某1的证言、民警朱某的陈述内容相互吻合。以上证据证明了周某寄养鲍某1——金某报警谎称捡拾婴儿——鲍某1被收养的事实真相,鲍某1显然不应当被认定为遗弃的婴儿。由此可见,金某关于捡拾婴儿的报警内容纯属虚假,鲍某1并不属于查找不到生父母的弃婴,不符合收养的条件。

三、关于被诉收养登记行为是否符合法定程序的问题

《中华人民共和国收养法》第十五条第二款规定,收养查找不到生父母的弃婴和儿童的,办理登记的民政部门应当在登记前予以公告。《中国公民收养子女登记办法》第七条第二款规定,收养查找不到生父母的弃婴、儿童的,收养登记机关应当在登记前公告查找其生父母;自公告之日起满60日,弃婴、儿童的生父母或者其他监护人未认领的,视为查找不到生父母的弃婴、儿童。上述规定表明,公告是办理"查找不到生父母的弃婴和儿童"收养登记的法定程序,而且明确了办理公告的主体是收养登记机关。法定程序是依法行政的根本保障,法定程序本身也是行政行为的有机组成部分,行政机关必须严格遵守,不得随意变通和逾越。上述公告程序不仅仅是收养登记机关应当遵守的法定程序,同时也是履行查找职责的方式之一。需要强调的是,公告是在通过其他方式查找不到生父母时的最终程序,但并不是查找生父母的唯一方式,不能以公告代替查找职责的履行。

法定程序不是摆设,履行法定程序不能异变为走过场。本案中,鲍某、郑某提出收养申请的日期是6月30日,海安市民政局当天即制作并发放了收养登记证,登记机关在受理申请后没有办理公告是不争的事实,自然也不能证明已经履行了查找的职责。虽然此前海安市社会福利院在《扬子晚报》刊登了公告,但办理公告的主体、时间均不符合上述规定。海安市民政局不能一方面认为公告是其履行查找职责的唯一方式,另一方面又无法证明其已经履行了公告程序。因此,应当认定被诉收养登记行为违反了法定程序。

四、关于海安市民政局在办理收养登记时是否依法履行了审查义务的问题

法定职责既是权力,也是义务。行政

机关履行法定职责不仅要在形式上符合法律规定,更应当根据所履行职责的内容要求,慎重履行相应的审查和注意义务,确保所作出的行为符合法律规范以及其中所蕴含的立法本意。收养登记关系相关当事人特定身份关系的解除和建立,关系未成年人的合法权益,登记机关更应当谨慎履行审查职责,而不只是满足于申请材料是否齐全。《中国公民收养子女登记办法》第七条第一款规定,收养登记机关收到收养登记申请书及有关材料后,应当自次日起30日内进行审查。对符合收养法规定条件的,为当事人办理收养登记,发给收养登记证,收养关系自登记之日起成立;对不符合收养法规定条件的,不予登记,并对当事人说明理由。这一规定意味着,登记职责的履行并不只是对申请材料的书面审查,登记行为所确认的事实是否有充分的证据支持是检验登记机关有无尽到审查义务的重要标准。即使作出行为时,登记机关根据已有的材料作出了自己的判断,只要事后有证据足以推翻这一判断,也应当认定登记机关未能依法履行审查职责。根据以下几个方面的分析,足以认定海安市民政局在作出收养登记行为时疏于履行审查义务。

一是对公安机关提供的材料审查流于形式。法律规范将“查找不到生父母的弃婴和儿童”作为被收养的条件,即使没有明确履行查找职责的具体方式,但作为负有审查职责的登记机关,海安市民政局至少要做到要求相关部门提供已经履行查找职责的证据材料。虽然公安机关提供的弃婴(儿)报案证明登记表、捡拾弃婴(儿童)报案证明中均记载有未查找到生父母的内容,但并没有提供如何开展查找工作的直接证据。特别是办案民警在明知“报警人称有人送了孩子在其母亲处,之前给过抚养费,公告结束前报警人说孩子是周某的,住在新桥”的情形下,至少应当知晓捡拾婴儿之说存在疑点,并初步了解到婴儿的生父信息。在此情形下,公安机关理应开展相应的调查工作,核实报案内容的真伪。事实上,本案中没有任何证据表明,公安机关就此开展了必要的查找工作,所出具的一纸证明过于草率。海安市民政局作为负有审查职责的登记机关,对这种以证明代替证据的做法直接予以认可,无疑架空了法律所赋予的审查职责。

二是未能对申请材料存在的疑点进行核实。收养登记是依申请作出的行政行为,民政部门在办理登记时不能只是要求申请材料在形式上齐全,还应当对申请材料的内容进行实质性审查,对存在的疑点进行核实和排除。本案中,海安市民政局应当知道鲍某1原名周某1,但在收养登记之前就被改名为鲍某1,寄养家庭情况调查表中载明鲍某、郑某是报警人金某丈夫的表弟、表弟媳。这些信息至少表明,报警人金某与收养人鲍某、郑某存在特殊的身份关系,金某的报警内容可能虚假,海安市民政局对此未作进一步调查,仅仅根据书面材料径行认定鲍某1符合被收养条件,明显疏于审查。海安市民政局关于申请材料齐全的主张,只是满足于形式上的齐全,掩盖不了基础事实虚假的实质。

三是未能对有效线索进行调查。“查找不到生父母的弃婴和儿童”虽然被收养法规定为被收养的条件，但此种情形的收养，关系亲生父母与子女的身份关系，也关系收养关系的稳定，更影响到未成年人的合法权益。因此收养登记机关在进行审查时需要慎之又慎，防止因查找工作流于形式而将不符合条件的婴儿或儿童确认为被收养对象。本案中，婴儿包裹中有健康检查相关手续，报警人金某不仅有周某的电话号码，而且曾借钱给周某。这些信息都是查找婴儿亲生父母的有效线索，但海安市民政局对此未引起足够重视并积极开展调查，而是以讹传讹地作出判断，当属怠于履行审查职责。

《中华人民共和国收养法》第二条规定，收养应当有利于被收养的未成年人的抚养、成长，保障被收养人和收养人的合法权益，遵循平等自愿的原则，并不得违背社会公德。第二十五条规定，违反《中华人民共和国民法通则》第五十五条和本法规定的收养行为无法律效力。收养行为被人民法院确认无效的，从行为开始时起就没有法律效力。《中国公民收养子女登记办法》第十二条规定，收养关系当事人弄虚作假骗取收养登记的，收养关系无效，由收养登记机关撤销登记，收缴收养登记证。海安市民政局办理收养登记时不仅违反法定程序，而且错误地将周某寄养的婴儿认定为查找不到生父母的弃婴并确认了收养关系，被诉收养登记行为依法应当予以撤销。

维护社会最基本的秩序是法律的终极使命，这比彰显个人内心的道德准则和情感更为重要。审判机关解决纠纷的根本标准既不仅仅是道德上的对错或是非，也不仅仅是情感上的共鸣或偏好，而是权利的存在或是否受到侵犯。在法律规则与道德情感发生冲突的情形下，法律的使命就是用权利来划清人们行为的边界。鲍某、郑某认为，周某、王某长达数月对婴儿不闻不问，已经构成了遗弃，并据此认为鲍某1属于弃婴。这一主张显然混淆了收养条件与抚养义务之间的界限，以所谓的“不闻不问”事实来取代法定的收养条件，剥夺生父母对子女的权利，没有任何法律依据。周某、王某是否对鲍某1存在遗弃行为并应当剥夺抚养权，并非登记机关在确认收养法律关系中需要判断的问题，也非支持案涉收养关系的正当理由。鲍某、郑某还主张，保护被收养未成年人的利益是收养法的最高原则，单亲家庭不利于孩子的成长。这一主张貌似合理，实则经不起法律思维的推敲。公民因婚姻、家庭而产生的人身权利受法律保护，父母与子女是血浓于水的亲情关系，更应受到特别保护。收养的根本目的是在收养人与被收养人之间建立父母子女关系，但显然不能以非法剥夺他人亲生父母子女关系为代价，即使单亲家庭的父母子女身份同样也需要给予同等的保护。

需要特别强调的是，法律规则的适用需要考虑对今后的所有社会成员发挥普遍的引领作用，其所追求的是整体的、全局的公平与合理，所以，法律适用不能绝对采用具体问题具体分析的思维。即使法律适用的过程和结果对某个特定成员有所不利，也不能因此而改变法律适用的基本原则。本院注意到，鲍某、郑某收养鲍某1已将近三年，双方之间必然也产生了难以割舍的感情，一纸判决似乎有所冷酷。但是，应当理性地看到，这种后天建立的感情毕竟是以剥夺周某、王某作为亲生父母的感情为代价的，这种原本不应产生的感情本就是一系列违法和不当行为的后果。在保护亲情关系的原则下，没有理由让原生家庭的感情作出牺牲。至于抚养子女的态度、生活条件的优劣、家庭的状况，都不是影响本案结果的决定性因素。法律保护正当的利益和感情，从这个角度而言，法律的理性与感性的情感在本案中并不存在实质意义上的冲突。

本案还暴露出收养流程和环节中存在着明显的漏洞，一个原本被寄养的婴儿，却因为一个经不起推敲的谎言而“名正言顺”地被他人收养。在此过程中，社会福利院、公安机关、民政部门在履行各自职责的过程中完全流于形式，审查核实职责完全形同虚设。相关部门和机构均应反思其中存在的问题，举一反三，进一步明确查找的责任主体、查找的程序和方式，确保收养行为能够真正做到依法进行，不再出现形式合法而实质违法的情形。“解铃还须系铃人”，本案终审判决之后，海安市民政局应当敦促各方当事人积极履行相应义务，确保各方当事人的利益得到及时修复，确保未成年人的合法权益得到应有保障。

综上所述，被诉收养登记行为程序违法，所确认的收养条件与事实不符，依法应予撤销。一审判决结论正确，鲍某、郑某的上诉理由不能成立。依照《中华人民共和国行政诉讼法》第八十九条第一款第一项之规定，判决如下：

驳回上诉，维持原判。

二审案件受理费50元，由上诉人鲍某、郑某负担。

本判决为终审判决。

审 判 长　高　鸿
审 判 员　刘羽梅
审 判 员　刘海燕
二〇二〇年五月二十八日
法官助理　金保阳
书 记 员　丁水仙

江苏省人民代表大会常务委员会任免名单

（2021年12月2日江苏省第十三届人民代表大会
常务委员会第二十七次会议通过）

任命汤小夫为省高级人民法院审判委员会委员、审判员；

任命孙晋琪为省高级人民法院审判委员会委员、刑事审判第一庭（少年案件审判庭）庭长、审判员；

任命王蔚为省高级人民法院刑事审判第一庭（少年案件审判庭）副庭长；

任命魏明为省高级人民法院民事审判第一庭副庭长；

任命邹宇为省高级人民法院民事审判第二庭副庭长；

任命袁滔为省高级人民法院知识产权审判庭（民事审判第三庭）副庭长；

任命王国亮、王锴、石肖然、孙安然、杨光、杨晓、吴剑铭、周光旭、骆大洲、徐贝、徐璩、高荣超、黄涛、谢鑫、翟如意、张龑为省高级人民法院审判员；

任命俞旭明、童德清、沈燕为南京海事法院审判委员会委员；

任命张志良为徐州铁路运输法院审判员；

免去李玉明的省高级人民法院审判委员会委员、审判员职务；

免去刘亚军的省高级人民法院审判委员会委员、刑事审判第一庭（少年案件审判庭）庭长、审判员职务；

免去王蔚的省高级人民法院民事审判第一庭副庭长职务；

免去魏明的省高级人民法院知识产权审判庭（民事审判第三庭）副庭长职务；

免去冒志成的省高级人民法院审判员职务；

免去孙晋琪的南京海事法院审判委员会委员、审判员职务；

免去陈国旭的徐州铁路运输法院立案庭副庭长、审判员职务。

欢迎订阅 2022 年《江苏省高级人民法院公报》

《江苏省高级人民法院公报》(以下简称《公报》)由江苏省高级人民法院审判委员会主办,是唯一公开介绍江苏省法院司法审判工作的官方权威文献,是江苏省高级人民法院对外公布权威信息、规范性文件等重要司法文件、典型案例、案件裁判文书以及其他适宜公开的司法信息资料的法定出版物。

《公报》主要栏目中,重要文献包括法院工作报告、工作要点、重要领导讲话等;司法文件包括指导审判工作的指南、通知、纪要等规范性文件;审判动态包括审判工作整体态势分析、相关类案审理情况等;参阅案例指供全省法院审理参考的具有指导意义的裁判范例;裁判文书指在制作内容、形式等方面具有示范、典型意义的裁判文书;司法信息包括指导性案例裁判摘要、案例指导工作动态以及其他应当公知的信息等。

《公报》反映了江苏省高级人民法院审判委员会对法的精神和各类法律难题的权威司法观点,它不仅是所有法律人士的必备资料,也是司法机关司法、政府部门执法以及仲裁、调解人员解决纠纷的重要参考,更是公民和企事业单位依法维权的有效依据。一册在手,权威便捷;重要观点,精华速览;深入浅出,易读易懂。它将助您解决困扰不已的法律难题!

《江苏省高级人民法院公报》全年共 6 辑,2022 年每辑定价 15 元,总定价 90 元(含递送资费)。订阅者请按要求填写征订单并汇款至**法律出版社有限公司**,相关问题咨询、订单查询请直接与法律出版社有限公司联系。另务请将征订单(第二联)发邮件或寄至《江苏省高级人民法院公报》编辑部,以便监督。

联系地址(负责监督):江苏省南京市宁海路 75 号　　邮政编码:210024
收 件 人:《江苏省高级人民法院公报》编辑部　　缪　芳　左一凡
联系电话:(025)83785651/(025)83785610

联系地址(负责发行订购):法律出版社有限公司
详细地址:北京市丰台区莲花池西里 7 号法律出版社综合业务楼　邮政编码:100073
联系人:郭孟(010)83938360　　李世强(010)83938361　　冯高琼(010)83938073

《江苏省高级人民法院公报》征订单（第一联）

第一联：发书凭证（寄法律出版社有限公司） 20 年 月 日

订购单位		邮政编码	
详细地址		联 系 人	
订购数量		联系电话	
汇款金额		全年定价 90 元/份，每份共 6 辑	
汇款方式：银行（ ） 邮局（ ） 个人汇款姓名：（ ）			
开发票信息（可只填税号或统一信用代码一项）		纸质发票（ ） 电子发票（ ）	
税号或统一信用代码			
地址及电话			
开户行及账号			
如果可以接受电子发票，请留电子邮箱			

特别提示：①请务必在 2022 年 8 月 10 日前将本联填写清楚连同汇款回执传真至 010－83938359，或拍照（扫描）后发邮件至 2641702055@ qq. com，或寄回法律出版社有限公司（地址见汇款须知）。②如需发票请注明，发票单独邮寄。③如通过邮局汇款，务请在汇款单附言栏里注明订购书名及份数。

《江苏省高级人民法院公报》征订单（第二联）

第二联：监督凭证（寄江苏省高级人民法院） 20 年 月 日

订购单位		邮政编码	
详细地址		联 系 人	
订购数量		联系电话	
汇款金额		全年定价 90 元/份，每份共 6 辑	
备 注			

特别提示：请将此联发邮件至 jsfyalbj@ 163. com 或寄回《江苏省高级人民法院公报》编辑部（邮寄地址：江苏省南京市宁海路 75 号，左一凡收，邮政编码：210024）。

汇 款 须 知

银行汇款：

开户行：中国工商银行北京六里桥支行

账　号：**02002 81019 02040 1503**

户　名：法律出版社有限公司

联系人：郭孟（010）83938360　李世强（010）83938361　冯高琼（010）83938073

订单发送邮箱：2641702055@ qq. com　传　真：（010）83938359

邮寄地址：北京市丰台区莲花池西里 7 号法律出版社综合业务楼（邮政编码：100073）